NIKOLA ET LUKA

# KARABATIC

Notre histoire d'amour avec le

# HAND BALL

Ce livre a été réalisé par les Éditions Flammarion

Édition : Bertrand Pirel
Direction artistique et mise en page : David Cosson – Dazibao
Couverture : Audrey Sednaoui
Fabrication : Louisa Hanifi et Julie Hautecourt
Photogravure : Atelier Frédéric Claudel – Paris


editions.flammarion.com


ISBN : 9782080462770
Numéro d'édition : 641573
Dépôt légal : septembre 2024

# NIKOLA ET LUKA KARABATIC

# Notre histoire d'amour avec le HANDBALL

Avec la collaboration de Clément Commolet et Laura Maurice

Flammarion

# AVANT-PROPOS

Le handball a toujours fait partie de notre vie. Son histoire multiculturelle nous a été contée par notre père. Elle a illuminé notre enfance. Sa pratique a rythmé chacune de nos journées, jusqu'à cette chance inouïe : évoluer sous les mêmes maillots.

Notre histoire d'amour avec le handball a forgé nos caractères, construit nos rêves et bâti nos succès. De Paris à Tokyo, nous avons, à notre tour, eu le bonheur d'écrire la grande histoire de notre sport. Ces titres sont le fruit de rencontres et d'inspirations. Ce livre est avant tout un hommage à celles et ceux qui ont partagé un bout de chemin avec nous ou qui nous ont, à leur façon, tendu la main.

À travers le récit des coulisses de nos carrières, truffé d'anecdotes, nous espérons aussi transmettre cette passion aux plus jeunes. À eux d'écrire leur propre histoire. Le handball est un sport magnifique et authentique. Que cet héritage perdure le plus longtemps possible.

**Luka et Nikola Karabatic**

# SOMMAIRE

L.KARABATIC
22

L. KARABATIC
22

# PAPA

Papa, c'était une carrure. Il s'appelait Branko, portait une moustache, avait les cheveux bruns coupés courts et culminait à un mètre quatre-vingt-quinze. Il était toujours la personne la plus imposante de la pièce. Si grand pour nos yeux d'enfants. Quand il se fâchait, d'un coup, sans prévenir, on se cachait. Mais c'était très rare, car Papa souriait. Tout le temps.

Papa, c'était un conteur. Il aimait nous narrer ses histoires avec l'équipe de handball de Yougoslavie, dont il était le gardien de but. L'une d'entre elles nous faisait rire à chaque fois : la première fois qu'il a joué en URSS, ses coéquipiers et lui ont découvert la télévision avec une télécommande. Ils avaient fait venir le petit jeune de l'équipe et lui avaient fait croire qu'il fallait baisser son pantalon pour changer de chaîne ! Papa disait aussi souvent qu'il avait payé la salle de bains de la maison grâce au troc de ses survêtements qu'il organisait avec les Soviétiques. Ses histoires ont bercé notre enfance.

Papa, c'était une passion. Du hand, bien sûr. Vous le lirez au fil de ce livre. Mais du sport, avant tout. Il fut notre entraîneur, notre prof d'EPS, notre partenaire de gymnases et terrains, notre compagnon de sport pendant les vacances scolaires au centre aéré. À 3 ans, on avait déjà un ballon dans les mains. On a testé toutes les disciplines avec lui. Il nous a tant apporté. Sur le plan physique, nous étions doués dans n'importe quel sport, quand nous étions gamins. Sur le plan mental, il nous a appris à canaliser et maîtriser le feu qu'on avait en nous.

Papa, c'était une culture. Enfants, on avait souvent le droit à un petit quiz sur les éditions des Jeux olympiques. 1960 ? Rome. 1984 ? Los Angeles. On répondait du tac au tac. C'est comme si on avait entendu ces questions toute notre vie. Sa culture sportive ne se limitait pas aux JO. Il pouvait vous citer l'équipe de football du Brésil championne du monde en 1994 dans son intégralité. Et sa culture ne se limitait pas au sport. On regardait beaucoup de films en famille. Papa a façonné notre esprit critique. À la fin de chacun d'entre eux, il nous demandait ce qu'on en retenait. Apprendre et progresser, partout et toujours.

Papa, c'était un jeu. Tout était prétexte au défi. Vers 10 ans, on voulait un chat. Il a fini par céder, mais à une condition : marquer trois penalties sur cinq tentatives face à lui dans les buts. Et dans un gymnase avec une cage aux dimensions, s'il vous plaît. Bon, avec du recul, on le soupçonne d'en avoir laissé passer un ou deux. Mais on avait relevé le défi, on a eu notre chat ! On a aussi plein de photos avec lui où on nous voit, hauts comme trois pommes, dans le jardin, tenter de lui piquer un ballon de foot en s'accrochant à ses jambes. Plus difficile, mais tout aussi génial.

Papa, c'était un philosophe. Il nous abreuvait de petites formules : « Le travail, c'est l'entraînement. » « N'aie pas peur de rater. » « Respecte les autres. » Il utilisait, aussi, une expression yougoslave : « *Pamet Ouglavou* », qui signifie « réfléchis avant d'agir ». Ces phrases sont devenues ces mantras. Au début de nos carrières, on avait toujours un briefing et un retour de sa part avant et après nos matchs. De véritables rituels.

Papa, c'était une pudeur. Nous savons qu'il regardait nos matchs avec beaucoup d'enthousiasme et de fierté. Il était notre plus grand supporter, même s'il ne le verbalisait pas souvent et insistait plutôt sur l'analyse. Mais ses actes représentaient les plus belles preuves d'amour : par exemple, il enregistrait nos grands matchs, afin qu'on les revoie en famille. Quels instants précieux... En 2009, on s'est retrouvés tous les trois à Montpellier. Papa était entraîneur des gardiens. Nous étions coéquipiers pour la première fois. Cette période coïncide malheureusement avec la maladie qui l'a emporté en 2011, mais nous voir tous ensemble fut l'un des plus grands bonheurs de sa vie.

Papa, c'était un espiègle. Il avait une très grande exigence dans le travail, mais il nous a aussi appris à savourer la vie. C'était un bon vivant qui fédérait. On l'admirait pour ça. On le voyait échanger de la même façon avec la femme de ménage du gymnase et l'adjoint au maire. En réalité, pour Papa, il n'y avait pas de petites gens, juste des gens avec qui il adorait parler et rire. Il avait un côté très blagueur, qui a infusé en nous. Combien de fois s'est-il glissé derrière nous, gamin, en imitant le bruit du chien pour nous surprendre ? Il adorait ça.

Papa, c'était une humilité. C'est à travers les mots de ses anciens coéquipiers et adversaires qu'on a compris qu'il avait été un très grand joueur de handball. Lui ne se vantait jamais. Il racontait pour transmettre, pas pour se mettre en avant. À son arrivée en France, il est passé du statut de joueur international dans son pays à celui d'entraîneur d'une petite équipe de Prénationale, une division bien en dessous de ses compétences. Il ne s'en est jamais plaint. Au contraire : il entraînait avec un immense sourire. Il nous a appris à ne jamais nous placer en victimes et tirer le meilleur de chaque situation.

Papa, c'est un modèle. Son éducation ruisselle dans celle de nos enfants. On veut les élever, dans tous les sens du terme, comme Papa nous a élevés. Bon, on n'a pas encore commencé à leur apprendre les éditions des Jeux olympiques, mais ça ne saurait tarder. On les pousse à toucher à tout et ne s'enfermer dans rien. Être curieux et prendre du plaisir. Faire du sport et respecter les gens. Les enfants impriment et dissèquent les moindres faits et gestes de leurs parents. Nous en sommes la preuve vivante. Papa n'était pas parfait, bien sûr. Nous ne le sommes pas non plus. Mais tout cela n'est pas une question d'exemplarité, mais de valeurs, de mots et d'attitudes.

En prenant un peu de recul, on se rend compte à quel point Papa a été marquant dans nos vies. De handballeurs, de sportifs, d'hommes et de pères de famille. C'est pour toutes ces raisons que démarrer ce livre avec lui s'est imposé telle une évidence. Vous le retrouverez, de près ou de loin, dans l'ensemble de ces pages. Papa, tu seras toujours là.

**Tes fils,**
**Titi et Grosminet**
**Luka et Niko**

# 1

# L'HISTOIRE DU HAND ET NOUS

# LES LIEUX DE NOTRE ENFANCE

**Biberonnés au handball, Nikola et Luka Karabatic ont été très vite imprégnés par la culture de l'effort et de la performance. Ils ont fait leurs premiers pas sur le parquet de la Robertsau, à Strasbourg, ont vu naître leurs premiers rêves sportifs à Frontignan et ont transpiré chaque été sur les terres familiales, en Croatie.**

# LA SALLE DE LA ROBERTSAU, À STRASBOURG

**Nikola, qui n'avait que quelques mois lors de son arrivée en France, et Luka, né à Strasbourg quatre ans plus tard, n'ont que peu de souvenirs de leur petite enfance en Alsace. Mais la salle de la Robertsau, aujourd'hui baptisée salle Branko-Karabatic en hommage à leur père, reste une étape marquante de leur parcours.**

**Niko :** Notre père avait 29 ans quand il a décidé de quitter la Yougoslavie pour s'installer en France. Le régime communiste de Tito était plus souple qu'en URSS et autorisait les sportifs à faire une expérience à l'étranger. Papa avait voyagé en Alsace l'année précédente avec son club de Niš, pour un tournoi amical. Ils avaient mis une branlée à Strasbourg et d'ailleurs, il avait dit : « On ne leur met pas trop cher parce qu'ils sont sympas avec nous, on mange bien. » Il avait eu le sentiment d'être très bien reçu. Il a eu envie de s'y installer. C'est ce qui nous a fait venir en France, ce qui a lancé notre histoire ici. Même si Loulou a moins de souvenirs, on n'a pas oublié ce jour où en rentrant, ma mère a dit : « Mais il est où, Luka ? » On l'avait oublié à la salle !

**Luka :** J'étais dans les tribunes, je jouais avec des voitures. Je devais avoir deux, trois ans. Cette période, je ne la connais que par les souvenirs, les photos et les récits de mes proches.

**Niko :** Mon tout premier souvenir, l'un des seuls que j'ai de cette salle de la Robertsau, c'est un match de mon père et l'entrée sur le terrain avec la musique de Jean-Michel Jarre. Ils avaient installé un grand drap sur lequel ils projetaient les photos des joueurs. C'était déjà un peu le show avant l'heure. Collé à la salle, il y avait aussi le club-house, on y avait fêté mon anniversaire.

Niko (page de gauche) et Branko Karabatic
(ci-dessus), salle de la Robertsau

J'avais reçu une voiture télécommandée. Il y avait Vincent Narducci et Christian Carl (*les fondateurs du prestigieux tournoi estival de Strasbourg, l'Eurotournoi*), ils me disaient « Regarde, la marque de la voiture, là, c'est ton nom, c'est Nikko ».

**Luka :** Je pense que ces premières années en France n'ont pas dû être toujours faciles pour nos parents, notamment pour ma mère qui, au début, faisait des allers-retours en Yougoslavie.

**Niko :** Pour nous, ce sont des années heureuses, on était petits... Mais j'ai aussi des souvenirs où c'était moins facile. Je voulais me barrer de la crèche à Strasbourg ! Ensuite, il y a eu la guerre. On l'a vécue à distance, nos parents nous ont préservés. Dans notre histoire, la Robertsau est un endroit qui compte. On a gardé beaucoup d'attaches dans cette région, même si on n'est pas restés longtemps...

**Luka :** On a senti que pour notre famille, il s'était passé quelque chose en Alsace. Les gens avaient une vraie affection pour nos parents, pour notre père.

**Niko :** Quand on revient dans la région, on est toujours accueillis comme à la maison. J'ai joué à la Robertsau un de mes premiers Eurotournoi avec Montpellier, à 17 ans. Chaque fois que j'ai rejoué à Strasbourg, j'ai été bon, ce sont des matchs qui ont été importants dans ma carrière.

**On a senti qu'il s'était passé quelque chose là-bas pour notre famille.**

# LA SALLE OMNISPORTS DE FRONTIGNAN

**Après des étapes à Strasbourg puis Colmar, Radmila, la maman de Luka et Nikola, « fait le forcing » pour déménager dans le Sud, retrouver le soleil et la mer. En 1992, la famille Karabatic s'installe à Frontignan, entre Sète et Montpellier. La salle omnisports devient une deuxième maison et fait naître de grands rêves dans la tête de ces deux gamins déjà fous de hand.**

**Luka :** Quand on arrive à Frontignan, on découvre tout de suite ce gymnase. Et on l'investit vraiment. Avec mes yeux d'enfant, je le trouve incroyable. Surtout parce qu'il y a un parquet, ça m'impressionne, j'ai le sentiment d'être sur un terrain de NBA. Il y a des tribunes des deux côtés, elles ne sont pas si grandes finalement, entre 1000 et 1500 places, mais pour moi, c'est exceptionnel.

**Niko :** Je me souviens de ces sièges jaunes aussi… Cette salle a fait naître de grands rêves chez moi. J'associe vraiment ce lieu à ma vocation de devenir le meilleur joueur au monde.

**Luka :** On passait énormément de temps dans cette salle, même les week-ends. C'était un vrai terrain de jeu pour nous.

**Niko :** Notre père entraînait l'équipe seniors de Frontignan, qui jouait en Prénationale à l'époque, mais il faisait aussi toutes les autres catégories, des poussins aux minimes en passant par l'école de hand. Il était quasiment tout le temps dans cette salle, et nous aussi.

**Luka :** Dès que la mi-temps était sifflée, on descendait sur le terrain pour jouer au hand. À la fin du match, pendant que les parents étaient à la buvette, on jouait encore. On terminait trempés de la tête aux pieds. Et comme Niko, je rêvais de handball. Je ne me posais même pas la question, en fait, c'était naturel. J'étais tout petit mais j'ai le souvenir de vraiment faire ce que j'aime, de me régaler, d'observer mon père entraîner. Même si, après, j'ai eu cette longue phase dédiée au tennis, c'était déjà ancré en moi.

**Niko :** On a énormément de souvenirs dans cette salle. Je revois mon père qui s'énerve parfois pendant les entraînements, qui se met à courir derrière moi. On se poursuit dans l'entrée, dans les couloirs… Mais il ne réussit pas à me rattraper !

**Le handball était déjà ancré en nous.**

**Luka :** Moi, je me rappelle être dans les tribunes, à encourager l'équipe. J'ai cinq, six ans, j'entends les chants contre les arbitres et je les répète. Et l'été, pendant les stages, je me fais une place avec les plus grands, je suis un petit casse-pieds ! On a une vidéo avec Igor Anic, un ami d'enfance avec qui on a joué en équipe de France. On était dans la même équipe, il était gardien et sur un penalty, je lui dis : « Sors du but, je prends ta place, j'ai plus de chances d'arrêter le ballon que toi ! »

**Niko :** Ce qui est énorme, c'est qu'on a rejoué avec Luka à Frontignan, en Coupe de France, en août 2023. Le club est maintenant en D2, ils ont disputé les play-off. Quand mon père entraînait l'équipe, ils étaient en cinquième ou sixième division… C'était un joli signe pour ma dernière saison. Rejouer dans la salle où ma passion pour le hand est née, revoir toutes les personnes de notre enfance, c'était fou. Il y avait beaucoup d'émotion.

**Luka :** C'était incroyable. Et c'était aussi une fierté pour nous de voir comment ce club a continué de grandir, porté par des dirigeants passionnés. Ce que notre père a instauré là-bas, en partant de vraiment très loin, a porté ses fruits. C'était un petit club au départ et le voir arriver jusque-là, c'était fort.

# À FRONTIGNAN, DU SPORT PARTOUT, TOUT LE TEMPS

**Au-delà de la salle omnisports de Frontignan, incontournable terrain de jeu de leur enfance, Luka et Nikola développent aussi leurs aptitudes sportives à l'école, où Branko Karabatic enseigne l'EPS, au club de tennis, au club de voile… jusque dans la chambre de la maison, où se disputent séances de penalties et parties endiablées de ping-pong.**

**Luka :** À Frontignan, il n'y avait pas que la salle omnisports. L'école primaire est un lieu très important, car notre papa y travaillait comme prof de sport. On avait aussi ce contact avec lui en classe et ça a compté dans notre rapport au sport. Pendant les séances, mon père venait toujours me donner une ou deux consignes, des choses à faire différemment. Pour lui, c'était un temps de travail et il en profitait aussi pour essayer de développer des choses chez nous.

**Niko :** Je crois qu'il s'est servi de ce cadre pour nous offrir un entraînement complémentaire.
Il œuvrait pour tous les enfants bien sûr, pour leur faire aimer le sport, mais aussi pour nous, pour nous faire découvrir plein de sports différents.
La gymnastique, notamment. Il expliquait que c'était important pour la coordination.

**Luka :** Pour moi, c'était génial ! J'adorais goûter à tous les sports et je me régalais. On a eu la chance d'avoir notre père à l'école, c'était encore plus fun.

**Niko :** En fait, on faisait du sport partout, tout le temps. On faisait aussi du VTT, de la voile…

Luka (n° 6), Niko (n° 5) et un prof de sport nommé Branko Karabatic…

**Luka :** Et puis, il y avait le club de tennis. À cette époque, je suis numéro un français, champion de France à onze ans, je me développe à fond. Le club de tennis était juste à côté de l'école, on passait souvent devant et je me souviens avoir eu envie d'essayer, de toucher à ça. J'ai pris un cours et tout s'est enchaîné assez rapidement. À douze ans, j'ai connu mes premières sélections nationales.

**Niko :** On était à fond derrière Luka. Dès que je pouvais, j'allais voir ses tournois. À travers lui, je vivais tout cela par procuration. On a même joué un peu ensemble au tennis. Jusqu'à ce qu'il commence à me battre, après j'ai arrêté ! Mais j'ai toujours gardé un petit truc pour ce sport.

**Luka :** Pendant un certain temps, j'ai pratiqué le hand et le tennis, je pensais que ça continuerait comme ça mais quand j'ai disputé mes premiers tournois, c'est devenu impossible. J'ai arrêté le hand un peu malgré moi. Je n'avais pas forcément envie mais il y avait plein d'attentes autour de moi dans le tennis, alors je me suis lancé. C'était la génération Cilic, Del Potro, Nishikori. Chez les Français, c'est Adrian Mannarino qui a le plus percé.

**Niko :** On continuait de s'entraîner au hand à la maison, quand même. La chambre était un vrai terrain d'entraînement ! On tirait des penos avec des chaussettes, dans un encadrement de porte.

**Luka :** Et tu avais deux étagères au-dessus de ton lit, on s'en servait souvent comme barres transversales !

**Niko :** J'avais des posters de hand partout, sur un mur entier. Des posters de foot américain aussi, ça a un peu conditionné notre passion pour ce sport.

**Luka :** Moi, j'avais carrément un papier peint avec des motifs sportifs, toutes les disciplines étaient représentées !

**Niko :** On organisait aussi des parties endiablées de ping-pong. Mes parents avaient réaménagé une grande pièce dans la maison, on jouait sur une table à manger. On avait fabriqué un petit filet et on se servait de livres en guise de raquettes. Mais à ce moment-là, il n'y avait pas trop d'esprit de compétition. C'était surtout pour le fun !

**La chambre était un vrai terrain d'entraînement !**

# LA MAISON DE FAMILLE EN CROATIE

**Chaque été, les Karabatic rejoignent en « road trip » la maison de famille, au bord de la mer en Croatie. Le cadre idyllique devient rapidement un véritable camp d'entraînement pour Nikola et Luka qui aspirent déjà à devenir « champions ».**

**Niko :** On allait chaque été dans cette maison de famille, située dans un petit village de bord de mer, entre Trogir et Marina. On partait en voiture, on dormait à deux sur la banquette arrière.

**Luka :** On faisait vingt heures de route, le trajet était déjà une aventure ! Nos parents l'avaient fait construire dans l'optique d'y habiter et finalement, par le biais du sport, ils ont émigré. Mais cette maison était terminée et nos vacances, ça a toujours été cette maison et cet endroit.
On n'est jamais partis ailleurs. Au départ, ce sont des souvenirs extraordinaires de vacances.
Et puis, quand on a commencé à grandir, à faire du sport sérieusement, c'est rapidement devenu une sorte de camp d'entraînement, on se préparait physiquement pour la saison à venir.

**Niko :** Il y avait cette montée hyper raide entre notre maison et le village de notre grand-père, qui était paysan, dans les collines. Il devait y avoir trois ou quatre kilomètres. Notre père nous racontait toujours qu'il prenait le chemin tous les jours pour aller à l'école… On faisait ça en courant, on allait jusqu'en haut, dire bonjour à Papy, on s'arrêtait, on buvait un coup et on redescendait. Après, on allait nager…

**Luka :** Il y avait une sorte de presqu'île en face et à chaque fois, on se disait : est-ce qu'on serait capables d'y aller ? On n'a jamais osé, on pensait qu'il y avait peut-être des requins au milieu !

**Niko :** Ces moments ont fait naître chez nous le goût de l'effort. Notre père disait : « Vous avez l'ambition de devenir des champions ? Alors il faut vous entraîner, et pas seulement sur les terrains de hand, ce que vous faites en dehors compte aussi. » Une fois qu'on avait terminé de courir, on enchaînait sur des concours de corde à sauter dans le jardin, des abdos, des pompes… On a pris goût à ça. Ça ne nous a plus jamais quittés et c'est un moment clé dans notre développement.

**Luka :** C'était une chance folle d'avoir cette maison à cet endroit-là. On y est allés pendant longtemps, puis il y a eu la guerre. Le bord de mer était moins touché mais il nous reste quand même quelques souvenirs de cette époque, des soldats devant des canons… Plus tard, on a redécouvert la Croatie en tant qu'adultes. On a parcouru le reste du pays petit à petit.

Les vacances avec Branko, une sorte de camp d'entraînement !

**Niko :** On a essayé de faire découvrir la Croatie à tous nos meilleurs potes. Quand on va là-bas aujourd'hui, on a les paparazzis qui nous suivent. Les gens nous reconnaissent et nous arrêtent souvent. Tout le pays vibre pour le hand, ils ont suivi tous les France - Croatie, ils savent tous qui on est…

**Luka :** Un jour, en vacances à Hvar, on a croisé Blake Griffin et DeAndre Jordan. On les a reconnus tout de suite parce qu'on suit la NBA, mais ils étaient là assez incognito. Mais pendant la soirée, les gens venaient plus vers nous que vers eux…

**Niko :** On les a même fait rentrer en boîte, en VIP, pour qu'ils soient bien placés. Tout le monde faisait des photos avec nous mais on disait aux gens : « Vous savez qui ils sont ? Ce sont des joueurs de NBA ! Traitez-les bien ! »

**Luka :** Les Croates ont toujours été plutôt bienveillants avec nous. On parle couramment la langue et quand on voyage là-bas, on ne se sent pas étrangers…

**Dans cette montée hyper raide, on a pris goût à l'effort.**

# LE CREPS DE MONTPELLIER

**À 16 ans, Nikola, aux portes du monde professionnel, découvre l'univers du haut niveau à Montpellier. Luka, encore tennisman, le rejoint trois ans plus tard : l'entrée au Creps sera pour lui un sérieux déclic vers le handball.**

**Niko :** J'y suis arrivé le premier, à 16 ans. Je sortais d'une année de sport-études à Nîmes et j'avais été contacté par Patrice Canayer pour rejoindre le centre de formation de Montpellier. Pour moi, c'était quelque chose d'énorme. Je débarque au Creps, cet immense espace au centre de Montpellier. Il y a le stade d'athlétisme juste à côté, où on effectuait nos préparations, une grande salle de muscu, beaucoup de verdure. Je prenais le tram pour aller au lycée et le soir, je m'entraînais avec la réserve du MHB. Le week-end, on jouait les matchs. Comme j'avais de très bonnes notes à l'école, j'avais le droit de faire mes devoirs dans la chambre, à l'internat. On avait rapporté une petite télé que je cachais dans l'armoire !
Au début, j'étais en chambre avec Sylvain Rognon et Guillaume Laout, des jeunes qui étaient avec moi au centre de formation, et un peu plus tard, avec Samy (*Honrubia*), que j'ai retrouvé par la suite en équipe de France.

**Luka :** J'ai aussi été en chambre avec Samy, quand je suis arrivé au Creps à mon tour. Niko était parti en appartement, moi j'avais 13 ans et je sortais de deux années assez compliquées au pôle France de tennis à Boulouris. Au lieu de rejoindre une structure fédérale, je suis revenu à Montpellier, avec un staff autour de moi. Je ne sais pas trop comment mes parents ont fait mais j'ai pu avoir une place au Creps, alors même qu'il n'y avait pas de tennis. À mon arrivée, tout le monde savait que j'étais le frère de Niko, donc ils m'ont mis dans une chambre de handballeur. J'étais avec Igor Anic, notre ami d'enfance, qui était arrivé un peu plus tôt au centre de formation de Montpellier.

**Niko :** On le connaît depuis tout petit, son père jouait au MHB, on allait souvent le voir. Plus tard, on a joué tous les trois en équipe de France, on est devenus champions d'Europe, en 2014, et champions du monde, en 2015, ensemble, alors que tout minots on jouait au hand dans nos chambres...

**Luka :** À ce moment-là, il y a déjà un bug dans la matrice. Je fais du tennis mais je viens du hand, je suis dans une chambre de handballeur. À partir de là, ça commençait vraiment à me travailler. Même si j'ai encore eu de bons résultats en tennis en revenant à Montpellier, je pense que cette période a été décisive, qu'elle a fait germer l'idée de rebasculer dans le hand. Je voyais Igor, je voyais Samy et je me disais : est-ce que moi aussi, je ne

Un tennisman entre deux handballeurs du Creps : Jérémie Guiraud, Luka et Igor Anic.

devrais pas être là ? On avait des ballons de hand à l'internat, on faisait des concours de shoot sur la terrasse ou dans la chambre. Je jouais toujours, je n'avais pas perdu mon handball. J'y suis resté trois ans, trois ans en tant que tennisman, mais j'étais au contact des handballeurs tout le temps.

**Niko :** C'est au Creps qu'on a appris ce que c'était d'être professionnel, ce que ça impliquait. C'était encore un niveau au-dessus de ce que j'avais connu avant. Là, je doublais les entraînements, je m'entraînais avec le centre de formation puis avec l'équipe une, je côtoyais les joueurs de D1, je faisais de la course, de la muscu, on était aussi suivis par un psychologue… C'était le dernier sas pour moi avant de réaliser mon rêve. Je n'étais qu'à une vingtaine de kilomètres de chez mes parents mais ils avaient tenu à ce que j'apprenne à devenir autonome.

**Luka :** C'est très formateur d'être tout seul, de devoir assurer les études et le sport. On est au contact de plein d'autres sportifs, socialement, c'est précieux aussi. Ça fait grandir. C'est le lieu idéal pour mener à bien un double projet si tu es sérieux, concentré, déterminé.

**Le dernier sas avant de réaliser mon rêve.**

adidas
Beijing 2008
FRANCE

# NOS ÉQUIPES LES PLUS INSPIRANTES

**Avant d'écrire à leur tour l'histoire du handball, Nikola et Luka Karabatic ont été des spectateurs admiratifs de la grande équipe de Suède et des premiers exploits de l'équipe de France. Ils ont été influencés par l'héritage immense de la Yougoslavie et marqués par le talent et la froideur des Russes. Nikola a, par la suite, contribué à la légende des Experts, que Luka regardait avec des étoiles dans les yeux.**

# LA YOUGOSLAVIE ET SON HÉRITAGE EN FRANCE

**Le handball tricolore ne serait pas ce qu'il est aujourd'hui sans l'influence des Yougoslaves qui, après avoir brillé dans les années 1980, sont venus s'installer en France. Le début d'une belle histoire de partage, de transmission entre deux cultures passionnées qui semblent s'être trouvées.**

**Niko :** Je n'ai vu que des images d'archives de la grande Yougoslavie de l'époque, championne olympique en 1984 et championne du monde en 1986. On a surtout été imprégnés par les récits de Papa. Il parlait beaucoup de l'entraîneur de l'équipe nationale, Zoran Zivkovic, un ancien gardien de légende. L'héritage de cette équipe-là a rayonné jusqu'en France parce que par la suite, beaucoup de grands joueurs se sont exportés. Le régime communiste yougoslave du maréchal Tito les autorisait à partir faire une expérience à l'étranger. Ils ont apporté leur savoir-faire, leur culture de l'entraînement, leur talent.

**Luka :** La culture yougoslave a ruisselé en France. Aujourd'hui encore, on utilise le mot « yougo » pour désigner un des grands mouvements du handball sur la base arrière. Il date de cette époque-là et il est resté. Ils ont aussi inventé la défense 3-2-1, un système avec des pièges, très tactique.

**Niko :** Pour moi, il a toujours été important de mettre en lumière cette tradition yougo, que les gens ne connaissent pas forcément, en dehors des initiés. C'est une fierté aussi de faire briller l'héritage de nos racines parce que l'impact a été important sur le handball français. Par exemple, notre père a entraîné Titi Omeyer et Doudou Karaboué à Montpellier…

**Luka :** Il y avait une vraie école yougoslave de gardiens. Ils étaient connus pour être très forts à l'aile. Ce sont les premiers grands gardiens de l'histoire du hand.

**Niko :** Au début des années 90, Daniel Costantini (alors sélectionneur de l'équipe de France) et son staff voulaient se former un peu pour monter en compétence et ils s'étaient beaucoup rapprochés des entraîneurs yougoslaves. Ils avaient fait des stages et discuté avec eux. L'équipe de Yougoslavie était reconnue pour sa maîtrise technique, son sens tactique.

**Luka :** Ça a infusé… Partout où tu allais, dans n'importe quel club, tu savais que tu allais voir un Yougo. Pour nous, ça a toujours été particulier. On avait aussi cette culture-là, on parlait la langue et on retrouvait ça en France.

# Partout où tu allais, dans n'importe quel club, tu savais que tu allais voir un Yougo.

**Niko :** Notre père nous parlait beaucoup des joueurs mythiques, de ceux avec qui il avait joué. Quand j'étais un peu plus grand, il y avait eu un match Montpellier-Ciudad Real. C'est Veselin Vujovic qui entraînait l'équipe espagnole. J'avais beaucoup entendu parler de lui, il avait été élu meilleur joueur au monde en 1988. C'était une star, un arrière qui savait tout faire. Je me souviens que mon père avait été ferme, il fallait que j'aille au match pour le rencontrer. J'avais un peu peur, j'étais impressionné, je ne voulais pas y aller mais ce coup-ci, je n'avais pas le choix. Je pense qu'il voulait que je côtoie le plus grand joueur du monde pour qu'il y ait une sorte de transmission, de connexion. Parfois, ces grands noms venaient même à la maison, quand ils passaient l'été à Frontignan pour le tournoi Campagnol. Les plus grandes équipes françaises, les plus grands joueurs y étaient. Et nous, on côtoyait Mile Isakovic, Zlatko Saracevic, Slobodan « Kuze » Kuzmanovski... On les avait devant nous, leur légende transpirait...

**Luka :** Beaucoup sont devenus entraîneurs par la suite et ont marqué l'histoire des clubs en France. En 1993, quand l'OM Vitrolles devient le premier club français à gagner la Coupe d'Europe, c'est avec Isakovic... Ils ont amené une vraie rigueur de travail, un autre rythme d'entraînement. Quand notre père est arrivé, il a aussi apporté ses méthodes, ses idées sur la préparation, des choses qu'on ne connaissait pas ici.

Zlatko Portner, Yougoslavie-URSS, JO 1988.

**Niko :** Si l'influence est aussi forte, c'est parce que les deux cultures se sont bien trouvées. Il y avait d'un côté la France qui cherchait à se former et de l'autre, les Yougoslaves qui avaient cette volonté de transmettre.

**Luka :** Il y a une sorte de connexion, de lien qui s'est créé entre ces Yougo et la culture française. Ils se sont retrouvés sur ce caractère passionné, enflammé. Des deux côtés, ils pouvaient passer une nuit entière à parler handball.

# LA RUSSIE, UN COLLECTIF DE GÉANTS DISCIPLINÉS

**Entre 1992 et 2002, les Russes ont été médaillés neuf fois dans les grandes compétitions internationales, portés par une génération de joueurs mythiques. Nikola et Luka Karabatic se souviennent d'une équipe « froide », méthodique, et d'un sélectionneur intimidant.**

**Niko :** Quand j'ai grandi, j'ai commencé à regarder le hand à la télé, les championnats du monde et d'Europe, les Jeux olympiques. Et c'était toujours la Suède contre la Russie en finale. Il y a toute une période, jusqu'en 2004, où les deux équipes se partageaient quasiment tous les titres (*la Russie est sacrée double championne du monde, double championne olympique et championne d'Europe entre 1992 et 2000*). Je préférais le jeu de la Suède mais j'observais aussi cette grande équipe russe, cette génération de joueurs très charismatiques. Je me souviens évidemment de Talant (*Dujshebaev*), qui est là jusqu'en 1996. Mais aussi du gardien Andreï Lavrov, qui nous a éliminés en quart de finale aux JO 2004 à Athènes, de Tuchkin, Koudinov, Torgovanov... De grands gabarits, assez lourds. Des joueurs mythiques, qui privent encore la Suède d'un titre olympique à Atlanta en 2000. J'ai surtout été marqué par le côté froid de cette équipe. C'était toujours le même jeu, les mêmes enclenchements, ils étaient disciplinés, méthodiques. Talant était différent, il apportait une dose de créativité, mais pour les autres, c'était un système très organisé.

> **Leur entraîneur, c'était un personnage de bande dessinée. Il faisait peur !**

**Luka :** Je pense qu'il valait mieux ne pas faire un truc de travers avec l'entraîneur qu'ils avaient. Vladimir Maksimov, c'était un personnage de bande dessinée, il ne lui manquait que le cigare à la bouche. Il faisait peur. Si un joueur tentait une roucoulette qui passait à côté, il allait directement s'asseoir au bout du banc !

**Niko :** Quand tu regardais ces matchs-là, tu voyais Maksimov gueuler de bout en bout. Il criait, il se fâchait contre les joueurs. On ne les voyait pas souvent sourire, il n'y avait pas beaucoup d'émotions...

France-Russie, JO 2004.

# LA SUÈDE, L'ÉQUIPE À BATTRE

**Fan de Stefan Lövgren, avec qui il gagnera plus tard la Ligue des champions à Kiel, Nikola Karabatic fait ses gammes en admirant la grande équipe de Suède, double championne du monde et quadruple championne d'Europe entre 1990 et 2002. Luka, lui, n'a jamais oublié l'incroyable finale du Mondial 2001, remportée par la France face à des Scandinaves pourtant intouchables.**

**Niko :** À cette époque-là, le mélange de cultures était encore rare. Les joueurs restaient dans leur pays et le jeu reflétait assez bien la mentalité locale. Comme la Russie, celui de la Suède était méthodique, discipliné, mais il avait aussi un aspect très tactique et créatif. C'était beau à voir, c'était presque une œuvre d'art. J'ai toujours beaucoup aimé cette équipe même si, quand je suis arrivé à Montpellier, mes coéquipiers disaient qu'ils n'aimaient pas les Suédois, trop arrogants… J'ai appris plus tard, à Kiel, que les Suédois pensaient la même chose des Français !

**Luka :** Si le titre mondial des Bleus en 2001 est si particulier, c'est parce qu'ils ont dominé la Suède en finale, l'équipe qui trustait tout, qui faisait un peu peur. Les battre dans ce match pour le titre, on ne pouvait pas faire mieux en termes de défi, de challenge.

**Niko :** Les Français, par leur petit grain de folie, ont su dérégler la machine scandinave.
En première mi-temps, Jérôme (*Fernandez*) fait le show, il y a tout qui rentre… Je me souviens aussi de l'entorse de Pat Cazal, à la cheville, on le voit pleurer et il revient, strappé, mettre des buts de fou en prolongations. Et bien sûr, ce but mythique de Greg (*Anquetil*) juste avant la fin du temps réglementaire !

**Luka :** Daniel (*Narcisse*) est tout jeune, il rentre aussi en deuxième mi-temps et joue un rôle important.

**Niko :** Il y a aussi Titi (*Omeyer*), qui explose au niveau international à ce moment-là.
Il reste beaucoup de souvenirs de cette finale, c'est un match de légende face à des joueurs mythiques. Contre une équipe que j'ai toujours aimé regarder et dans laquelle jouait mon idole, Stefan Lövgren. Un arrière et demi-centre qui savait tout faire. Il est tout de suite devenu une référence pour moi. Sa manière de jouer, son shoot, ses passes, ça m'a plu immédiatement. J'étais épaté et en admiration devant ce qu'il faisait. À l'entraînement, j'essayais souvent d'imiter sa façon de tirer ou de faire des passes. Il a joué à Kiel et si j'ai voulu aller jouer là-bas en 2005, c'est en grande partie pour être à ses côtés. On dit souvent qu'il ne faut pas rencontrer ses idoles mais avec lui, ça a été l'inverse. C'était impressionnant de voir comme il se comportait au quotidien. Il était toujours à fond, même en

France-Suède, Championnat du monde 2001.

fin de carrière, il transmettait de la confiance, il était toujours présent, en soutien. J'ai été très fier de gagner la Ligue des champions avec lui en 2007 avant qu'il n'arrête sa carrière, alors qu'il courait derrière ce titre depuis tant d'années...

**Luka :** Une des premières fois où je suis allé voir Niko à Kiel, j'ai pu faire l'entraînement avec l'équipe grâce à Noka Serdarusic. On jouait au foot et à la fin de la séance, Lövgren est venu me voir, il m'a donné les clés de son 4x4, une sorte de Jeep Wrangler toute ouverte. Il m'a dit : tu la ramènes chez moi ? J'avais 18 ans et le permis depuis deux mois !

**Une équipe que j'ai toujours aimé regarder et dans laquelle jouait mon idole, Stefan Lövgren.**

# LES BARJOTS, UNE BANDE DE POTES, UN GRAIN DE FOLIE

**Ils étaient fantasques et fêtards, mais aussi fous de leur sport et extrêmement talentueux. Les Barjots, médaillés de bronze aux JO de Barcelone en 1992 et champions du monde en 1995, ont donné ses premières lettres de noblesse au handball français.**

**Niko :** Les Barjots ont inspiré toute ma génération de joueurs, même celle de Titi (*Omeyer*) et Daniel (*Narcisse*). Ils ont décroché le premier titre mondial du sport collectif masculin français. Cette équipe est hyper charismatique ! Quand ils remportent la médaille de bronze aux JO 1992, ils ont tous les cheveux peroxydés. En 1995, avant la finale du championnat du monde, ils arrivent avec des coupes de cheveux pas possibles. Il y a des gars qui s'étaient écrit le nom d'un bar. Stéphane Stoecklin s'était fait le signe Adidas sur la tête. C'était incroyable ! Jackson Richardson, Fred Volle, Philippe Gardent, Denis Lathoud, Pascal Mahé, Thierry Perreux, Guéric Kervadec... Ils venaient tous l'été en tournoi à Frontignan et les voir là-bas a forgé mon imaginaire. Ils étaient un peu fous, ils avaient le sens de la fête. À cette époque, le professionnalisme n'en était qu'à ses débuts en France, et on jouait au hand aussi pour le plaisir. Ils marchaient à ça. Ils n'étaient pas comme les Yougoslaves, les Suédois, les Russes... Ils avaient un vrai grain de folie en plus.

**Luka :** Cette mentalité, cette façon de faire la fête, de vivre le sport de haut niveau, ce n'est plus possible aujourd'hui. C'était une autre époque et moi, je trouve ça génial. Cette folie-là était incroyable.

**Niko :** Mais il ne faut pas les réduire à ça non plus. C'étaient des joueurs sensationnels, avec des talents hors du commun. Bien sûr, ils étaient fêtards, mais ils jouaient moins souvent. Aujourd'hui, le professionnalisme est poussé à l'extrême, avec deux matchs par semaine, tu ne peux plus te permettre ça si tu veux atteindre le haut niveau. Mais eux avaient encore ce côté amateur, ils marchaient un peu plus à l'envie, au plaisir. Si ça les gonflait, ils se barraient. C'était beau aussi de voir ce côté passionné. Ils étaient heureux d'être sur le terrain, avec les copains, d'aller à la bagarre ensemble et de passer du bon temps en dehors.

**Luka :** Leur marque de fabrique, c'était vraiment la défense. L'agressivité française, les sorties un peu costaudes, c'est un truc qui vient des Barjots.

**C'étaient des artistes sur le terrain mais il y avait aussi des coupeurs de tête !**

En stage à Lanzarote, 1995.

**Niko :** Oui, c'étaient des artistes sur le terrain mais il y avait aussi des coupeurs de tête ! À cette époque, c'était encore autorisé, le jeu était plus lent et les défenses hyper rugueuses.

**Luka :** Ils ont vraiment donné un élan au hand en France. Tout part d'eux. Ils ont créé quelque chose et derrière, ça a suscité des vocations. Ils ont fait rentrer le hand dans le cœur des Français et plein de choses en ont découlé.

**Niko :** Les Barjots ont fait énormément pour le handball, pour le faire sortir des préaux. Avec Jackson, bien sûr, en figure de proue. C'était une star, avec son style de jeu, ses roucoulettes mais aussi ses dreadlocks. C'est le premier handballeur français que j'ai vu dans une pub à la télé. J'étais tellement fier ce jour-là, c'était une vraie marque de reconnaissance pour notre sport. J'avais envie de l'imiter, de faire encore plus connaître mon sport à travers mon image. C'est ce que Jackson avait fait aussi avec les premières Adidas Stabil, un modèle iconique qui s'était inspiré de son image. Je les avais reçues à Noël, j'étais fier de porter les mêmes chaussures que lui. J'avais aussi le maillot mythique des Barjots, avec ses rayures blanc et rouge. C'est Marc Wiltberger, que Papa connaissait de l'Alsace, qui me l'avait donné. Je le regardais tous les jours. Il a contribué à mon rêve de porter ce maillot bleu, de battre des records, de gagner des titres et de marquer l'histoire avec lui.

# LES EXPERTS DANS LA LÉGENDE

**Et un jour, « tout coïncide ». L'équipe de France entre en 2008 dans l'ère incomparable des Experts, première sélection de l'histoire à détenir les trois titres majeurs en même temps. Le sélectionneur accepte d'être moins directif, le collectif est sublimé par certains des meilleurs joueurs du monde. L'harmonie est totale, la domination sans partage.**

**Luka :** Moi, j'ai assisté à cette épopée en tant que spectateur. Cela correspond clairement à l'arrivée de Niko en équipe de France, avec toute une génération de grands joueurs. Jamais aucune équipe n'avait fait un run comme ça. C'était incroyable, une domination comme on n'en avait jamais vu.

**Niko :** Oui, c'est comme si les pièces du puzzle s'étaient assemblées, celles qui étaient déjà là, comme Titi (*Omeyer*), Daniel (*Narcisse*), Didier (*Dinart*), Jérôme (*Fernandez*), Bertrand et Guillaume (*Gille*), et celles qui arrivaient avec Luc (*Abalo*), Micka (*Guigou*) et moi. En plus, Claude (*Onesta*), qui était très directif, s'est aperçu qu'il fallait qu'il change. On avait toutes les compétences, techniques, tactiques, il devait juste être là pour nous guider, s'occuper de l'état d'esprit et nous laisser faire.

**Luka :** C'était la première fois aussi que les meilleurs joueurs jouaient tous dans les meilleures équipes de chaque championnat, notamment en Bundesliga allemande qui était et reste le meilleur championnat en Europe, et dans les meilleurs clubs espagnols comme le Barça et Ciudad Real. Je pense que ça a apporté une culture très vaste, un savoir-faire. Les Experts ont pris le meilleur de toutes les cultures, de toutes les écoles.

**Niko :** Avec Didier (*Dinart*), on s'aperçoit en 2004 qu'avec notre défense hyper agressive, on se fait tuer par les Russes. On est dominés tactiquement, ça ne marche pas. Alors on change notre défense 5-1, on garde notre agressivité tout en s'inspirant de ce que fait Ciudad Real, notamment sur les pivots. Au bout d'un moment, quand cette défense-là est décortiquée par les adversaires, on revient à la défense 6-0 que moi, je connaissais à Kiel, avec le jeu rapide qu'on avait aussi ramené d'Allemagne. Comme ça, on a toujours su se renouveler pour répondre aux défis tactiques. On a commencé à insérer beaucoup plus de stratégie que de folie et d'énergie. On gardait la même force tout en amenant plus d'intelligence tactique, au travers de ce qu'on avait appris en club aux côtés de grands entraîneurs.

**Luka :** À chaque poste, ou quasiment, tu trouvais tous les meilleurs joueurs du monde. Et en même temps, c'étaient des guerriers de fou,

**Une domination comme on n'en avait jamais vu !**

La foudre est tombée sur Londres !
Après Pékin 2008, nouveau titre olympique
pour les Experts.

des compétiteurs ultimes. Quand tu mets le meilleur gardien de tous les temps derrière une équipe comme ça, elle devient injouable…

**Niko :** En fait, on est en mission. Tout coïncide. On a des talents incroyables, Claude nous fait confiance, nous laisse jouer. Et mentalement, en tant qu'équipe, on a la volonté de marquer de notre empreinte l'histoire du hand. Quand on gagne un titre, on se demande tout de suite quelle est l'étape suivante. Ça se joue autant sur le terrain, techniquement et tactiquement, que sur le plan mental. Je me souviens, chez Titi, chez Didier, chez Bobo (*Bertrand Gille*), chez moi, de cette volonté de dominer, d'écrire notre légende.

**Luka :** Tout n'a pas été facile tout le temps…

**Niko :** Oui, en Serbie notamment, à l'Euro 2012. On fait un mauvais résultat, je ne suis pas bon, il y a de la friture entre Onesta et moi. Le capitaine de l'époque vient s'en mêler et prend parti. Au moment où ça aurait pu exploser, où les egos auraient pu prendre le dessus, on a su se montrer intelligents, discuter et gérer la situation. On ne pouvait pas laisser une mauvaise compétition tout foutre en l'air. Le plus important arrivait, avec les JO de Londres. Parmi les joueurs, certains n'étaient pas sur la même longueur d'onde, mais on a toujours su mettre la performance collective de l'équipe de France en premier. C'est aussi ce qui a fait notre réussite.

**Luka :** Au moment où j'ai repris le hand, c'était hyper inspirant pour moi de voir cette équipe performer sur la durée. Mais je n'osais même pas penser que je pourrais en faire partie un jour. Quand j'ai commencé à mettre un pied chez les Bleus, à côtoyer ces joueurs que je regardais à la télé, c'était presque irréel pour moi.

FRANCE
5
17

# CES CINQ PIONNIERS DU HAND FRANÇAIS

**Si Luka Karabatic était trop jeune pour se souvenir des Barjots, Nikola, lui, a été bercé par les exploits de ces pionniers déjantés qui ont ouvert la voie et montré l'exemple. Il rend hommage à leur talent, leur état d'esprit et leur sourire sur les terrains.**

# JACKSON RICHARDSON, L'ICÔNE

**Je me souviendrai toujours de Jackson avec une marée humaine autour de lui. Ils étaient nombreux à lui demander des photos, des autographes, et il se prêtait au jeu à chaque fois avec un grand sourire et un mot sympa, une blague pour tout le monde. Il était comme je le voyais à la télé, naturel, abordable, disponible. Il avait une vraie aura et moi, ça m'a marqué de voir ce contact qu'il avait avec les gens, ce temps qu'il prenait. Il essayait d'inspirer tout le monde.**

Petit, j'avais énormément de posters dans ma chambre, et notamment celui de Jackson. C'est le seul de tous ces joueurs admirés avec qui j'ai eu la chance de jouer. Pour ma première sélection, contre la Russie en octobre 2002, il me fait la passe pour mon premier but en équipe de France. Derrière, on fait les Jeux olympiques 2004, mais on sort en quart de finale. Et moi, je voulais absolument gagner une médaille avec lui. On a la chance de remporter le bronze au championnat du monde en Tunisie, en 2005, pour sa dernière compétition. On le porte en triomphe à la fin et pour moi, c'était vraiment important de pouvoir partager ce petit bout de palmarès avec lui.

## Je voulais absolument gagner une médaille avec lui.

Même si je ne me suis pas inspiré de son style de jeu, qui était différent du mien, c'est un exemple, par rapport à tout ce qu'il a fait pour le handball. Il a marqué toute une génération. Il est aussi le premier Français à être élu meilleur joueur au monde, en 1995, et ça, ça m'a donné envie de l'imiter, de m'inscrire dans la légende des grands joueurs français.

Son état d'esprit m'a aussi beaucoup apporté. Je l'observais et je le trouvais hyper altruiste, très tourné vers les autres, humain et bienveillant. Ça m'a beaucoup fait évoluer. C'est quelque chose que j'observais chez beaucoup de grands handballeurs et que j'ai eu envie de reproduire à mon tour. Je me suis dit : si les plus grands se comportent comme ça, qui peut se prendre pour une star dans le handball ?

France-Espagne, Championnat du monde 2003.

ESPAÑA
13
NTRERRIOS
17
HALCON

# J'ai repris son rôle, j'essaye de perpétuer cet héritage.

Le jour de ma première sélection en équipe de France, il m'a dit de prendre du plaisir, de ne pas m'inquiéter. Il savait ce que ça fait d'arriver là quand tu es tout jeune, la pression que cela représente de porter ce maillot, de performer, de faire ta place. Il savait te mettre en confiance en quelques mots et il m'a permis de dédramatiser la situation. C'était génial parce que moi, j'avais 18 ans, j'étais un enfant. Quand le capitaine, le plus grand joueur français, vient te voir et te dit ça, ça te donne envie de te dépasser pour lui.
Ça m'a aussi beaucoup inspiré et maintenant que je suis sur la fin, que j'ai repris son rôle, j'essaie de perpétuer cet héritage.

Aujourd'hui, je joue avec son fils, je suis champion olympique et champion d'Europe avec Melvyn. Peut-être que je lui ferai ma dernière passe décisive. La boucle serait bouclée…
C'est fou d'avoir connu ça avec deux générations. Melvyn, je l'ai vu en 2004 quand on préparait les JO d'Athènes. On avait le droit d'avoir nos familles avec nous, il était dans le bus, il devait avoir 7-8 ans. C'est juste incroyable et ça montre aussi toute la transmission qui existe en équipe de France, ce lien qu'on a entre joueurs, entre les familles. C'est vraiment beau !

France-Allemagne, JO 1992.

17
3
5

# FRÉDÉRIC VOLLE, LE PROTOTYPE DU JOUEUR MODERNE

**Fred Volle était pour moi un des meilleurs joueurs au monde, le prototype du joueur moderne. Je voulais lui ressembler. C'était un arrière grand et athlétique. Il savait défendre, attaquer, tirer de loin. J'avais un peu le même style de jeu que lui et il m'inspirait beaucoup. Parfois, je mettais son numéro, le 5, et j'essayais de l'imiter.**

Il incarnait aussi ce côté Barjot, je le voyais toujours avec la banane sur le terrain. Patrice Canayer (*qui a entraîné Montpellier de 1994 à 2024*) m'avait raconté cette anecdote : alors que le MHB voulait le recruter, Fred était arrivé en Harley pour boire un café avec Patrice et le président et leur avait dit : ok, moi je peux jouer, pas de problème, mais je ne fais pas la préparation physique ! Ils avaient répondu que ce n'était pas possible et Fred Volle avait décidé de ne pas venir. Par la suite, il est parti s'installer au Canada…

Quand j'étais petit, il jouait à l'OM Vitrolles, un club qui a eu un impact particulier sur moi. Tous les grands joueurs de l'équipe de France évoluaient là-bas : Jack (*Richardson*), Thierry Perreux, Éric Quintin, Philippe Gardent… Ils y étaient tous ! Un jour, ils ont fait le déplacement à Frontignan, qui accueillait tous les étés un grand tournoi, le tournoi Campagnol. Toutes les meilleures équipes venaient dans cette salle où nous, on jouait petits. Nîmes, Montpellier, Chambéry… Quand l'OM est venu, j'étais comme un fou. Leur entraîneur était Mile Isakovic, un ancien joueur yougoslave que mon père connaissait. J'étais allé dîner avec eux, j'étais là, gamin, assis à table avec tous ces joueurs, je les regardais avec de grands yeux. J'avais eu le droit de monter dans leur bus avant qu'ils repartent pour faire signer mon poster. Je l'ai toujours, avec des autographes de Volle, Quintin, Martini, Gardent, Jack… Ils ont joué un vrai rôle dans ma carrière, dans ma volonté de briller avec le maillot bleu. C'étaient des pionniers, les premiers à avoir été champions du monde en 1995.

## J'avais un peu le même style de jeu que lui et il m'inspirait beaucoup. Parfois, je mettais son numéro, le 5, et j'essayais de l'imiter.

France-Suède, JO 1992.

# DENIS LATHOUD, LE LEADER CHARISMATIQUE

**Quand j'étais petit, mon père me disait : « Regarde comment il joue, c'est l'un des meilleurs joueurs au monde, essaie de t'en inspirer ! » J'observais ses mouvements, ses tirs et j'essayais de les reproduire.**

Il y en a un qu'on voyait beaucoup, un tir en appui qu'il a fait en finale du championnat du monde, en Islande. J'avais essayé de l'imiter à l'entraînement. Et pendant l'Euro 2004 en Slovénie, une de mes premières compétitions internationales, je fais le même, au même endroit. Je m'identifiais beaucoup à son style de jeu et je me suis inspiré de sa technique individuelle. C'était un shooter mais aussi un créateur. Il était dans le un contre un, dans les passes, la tactique.

C'était aussi un leader, capable de remobiliser toute l'équipe. Au Mondial 1995, après une défaite contre l'Allemagne (22-23) en phase de groupes, ils avaient fait une réunion dans un café de Reykjavik et Denis avait dit à tout le monde : « Maintenant, on arrête de faire les cons, on se dit les choses et après, on se met tous ensemble et on avance. » Il avait un côté charismatique.

Plus tard, quand je suis arrivé en équipe de France, Claude (*Onesta*) avait essayé d'instaurer une sorte de parrainage entre les anciens et les nouveaux joueurs. Denis était mon parrain et j'en étais assez fier. Il fait partie de ces joueurs qui m'ont donné envie de faire comme eux.

France-Allemagne, Championnat du monde 1995.

# ÉRIC QUINTIN, LE GUERRIER CRÉATIF

**Éric jouait avec le numéro 11 et je suis né un 11 avril. J'ai toujours accordé beaucoup d'importance aux chiffres et je me suis identifié à lui comme ça. Je l'ai vraiment admiré parce qu'il était l'un des premiers à oser des gestes techniques. Il était ailier gauche et tentait des choses un peu folles. Il jouait avec de l'instinct et avait ce côté artiste sur le terrain. Mon geste favori, c'est le chabala, c'est quelque chose que j'ai pris de lui ! Il avait cette petite folie, ce côté spectaculaire qui donnait envie de le regarder.**

Sur le terrain, il était hargneux et très rigoureux. Il ne lâchait rien. Il pouvait être fantasque dans le jeu et dans la technique mais dans l'attitude, il était à fond. C'était un guerrier. Ça aussi, ça me plaisait beaucoup, ça a compté pour moi.

Éric jouait aussi à l'OM Vitrolles et par la suite, il est devenu entraîneur de l'équipe de France jeunes. En tant que coach, il insistait encore beaucoup sur la créativité, l'instinct, le plaisir de jouer, autant que sur la rigueur et la discipline. Il aimait aussi transmettre et chaque fois que j'ai pu discuter avec lui, les échanges étaient passionnés.

**Un des premiers à oser des gestes techniques, à tenter des choses un peu folles.**

France-Suisse, Championnat du monde 1993.

# STÉPHANE STOECKLIN, LE SHOOTER GÉNIAL

**En 1992-1993, avant le titre mondial des Barjots en Islande, je me rends chez un de mes meilleurs copains, lui aussi fan de hand, à Frontignan. Il avait eu la chance de récupérer, dans un magazine, un poster de chaque joueur de l'équipe de France.**

J'arrive dans cette chambre immense et je vois tous ces posters aux murs. Je suis un peu jaloux, je trouve ça incroyable. Et il me pose la question : à ton avis, quel joueur est le moins bon ? Moi, je ne sais pas, je dois avoir 8 ans, je suis trop jeune, il me pose une colle. Le seul que je ne connais pas à ce moment-là, c'est Stoecklin. Donc je lui réponds : c'est lui, Stoecklin ! Et mon pote me dit : non, de tous ceux qui sont en équipe de France, il n'y en a pas un seul qui n'est pas bon !

Je n'ai jamais oublié cette histoire. Après, « Stock » devient Barjot, champion du monde… Il part en Allemagne, à Minden, c'est l'un des premiers à quitter le championnat de France avec Jack (*Richardson*) et Fred Volle. Il finit meilleur buteur de la saison en Bundesliga et est élu meilleur joueur au monde en 1997. De la même manière que Jack (*en 1995*), le voir recevoir ce titre-là, ça m'a donné envie de reprendre le flambeau, de rentrer dans cette caste-là.

« Stock » était un shooter, il était plus individualiste mais il avait une telle gamme de tirs… Il était tellement facile quand il jouait, c'était impressionnant. Il incarnait aussi cet état d'esprit décalé des Barjots. C'était un joueur fantastique, dont on parle un petit peu moins mais qui a aussi beaucoup marqué le hand français.

Quand j'ai rejoint Montpellier, je l'ai croisé un jour à la Fnac. Il partait jouer au Japon (*au Honda Suzuka*) et il avait pris 60, 70 DVD, tous posés sur la caisse, pour les rapporter là-bas. J'étais juste derrière et j'hallucinais. Je n'avais pas osé lui dire bonjour, de peur de le déranger. Depuis, il a ouvert un hôtel en Thaïlande, sur l'île de Koh Samui.

Il était tellement facile quand il jouait, c'était impressionnant.

Dernière saison en Bundesliga, 1988.

hum

RMC

# LES NATIONS LES PLUS REDOUTA-BLES

**Au cours de leur riche histoire avec les Bleus, Nikola et Luka Karabatic ont livré d'énormes combats et parfois essuyé des échecs face à ces cinq grandes nations du handball. Ils racontent les spécificités de leur jeu, de leur culture et de leur rivalité.**

# L'ALLEMAGNE, ÉQUIPE PIONNIÈRE

**Niko :** Enfant, j'admirais l'Allemagne et son ailier gauche Stefan Kretzschmar. Je voulais les mêmes chaussures montantes jaunes que lui. Il était le pendant de Jackson (*Richardson*), avec ses chabalas, ses tatouages et boucles d'oreilles. Je pense aussi à Henning Fritz, gardien emblématique, et Christian Zeitz, petit gabarit aux tirs surpuissants. Le jeu allemand, c'est un mix entre une défense de type scandinave, rugueuse, basse, en 6-0 ; ainsi qu'un jeu offensif à la française, rapide, collectif, libre. C'est le pays fondateur du hand, une nation pionnière et très importante.

**Luka :** Dans mes souvenirs, l'Allemagne, c'est d'abord le quart de finale fou de 2001 : les Mondiaux en France, une prolongation arrachée par le magnifique but en appui de Jack' (*Richardson*) et une fin heureuse (26-23). Nos confrontations face à eux offrent souvent un suspense insoutenable, comme lors des JO 2016, avec le buzzer-beater de Daniel Narcisse (29-28). Mais ça ne nous sourit pas toujours...

**Niko :** La preuve avec ce quart de finale des JO 2024 à Lille. On a largement dominé la première période et le début de la seconde, mais on n'a pas su tuer le match. On les a laissés revenir, jusqu'à ce qu'ils remontent deux buts en quinze secondes... Irréel. À la fin, on était incrédules et sidérés, à la différence de la demi-finale de leur Mondial 2007 où on a ressenti beaucoup de colère, liée à une injustice arbitrale.

**Luka :** Je me souviens de ce match : je suis en transit pour un tournoi de tennis en Turquie, je le regarde dans une chambre d'hôtel. Encore un match fou, une double prolongation, tant d'émotions jusqu'à l'énorme déception finale (32-31).

**Nos confrontations face à eux offrent souvent un suspense insoutenable, comme lors des JO 2016 et 2024.**

France-Allemagne, Championnat du monde 2007.

ISCH
B. GILLE
6

**Niko :** Ce Mondial avait créé dans leur pays un engouement formidable, que j'ai ressenti à nouveau lors de l'Euro 2024. Toutes les salles étaient pleines, peu importe l'affiche. Sentir l'effervescence de l'Allemagne pour notre sport est assez fou. J'ai eu la chance de jouer dans leur championnat, avec Kiel, de 2005 à 2009. Pour un passionné comme moi, c'était un rêve qui se réalisait. En Bundesliga, on joue devant 20 000 personnes tous les week-ends. À Kiel, ils étaient 10 250 abonnés ; à Hambourg, 14 000.

**Luka :** La première fois que je suis allé te voir jouer à Kiel, j'ai été marqué par la salle. Par rapport à la France, il y a un vrai fossé en termes de taille de salles et de nombre de spectateurs.

**Niko :** En plus, l'ambiance est très familiale. Les gens se transmettent leurs abonnements de génération en génération. C'est avec Kiel que j'ai participé à mes premières séances de dédicaces en magasins. Elles duraient plus d'une heure, tant il y avait de monde. Aujourd'hui, il n'y a que les Allemands qui continuent à m'envoyer des lettres pour leurs collections d'autographes...

## Le palmarès de l'Allemagne

- **Triple médaillée d'argent aux Jeux olympiques (1984, 2004, 2024)**
- **Triple championne du monde (1938, 1978, 2007)**
- **Double championne d'Europe (2004, 2016)**

Daniel Narcisse face à Uwe Gensheimer, France-Allemagne, JO 2016.

KÜHN
35

# LA SUÈDE ET L'HÉRITAGE DES BENGAN BOYS

**Niko :** La Suède est entrée dans l'histoire du hand dans les années 1980 et 1990 avec les Bengan Boys. Une génération dorée qui a tout gagné, portée par des joueurs iconiques. Stefan Lövgren, Staffan Olsson, Magnus Wislander, notamment, ont marqué leur époque. Le jeu des Suédois était vraiment particulier. Tu avais l'impression qu'ils récitaient une partition. Chaque joueur était placé au bon endroit, ça allait vite. Ils ont été les premiers à faire des contre-attaques éclair. C'est un jeu que j'ai beaucoup aimé quand j'étais petit.

**Luka :** Défensivement, c'était très original aussi. On n'a jamais vu un Suédois sortir des neuf mètres pour défendre, ils étaient vraiment spécialistes de cette défense 6-0. Quand je vois de vieux matchs de la Suède, je retrouve exactement tous les principes de Noka Serdarusic, notre mentor : des placements en équipe, des attitudes, des bras pour bloquer les passes... Il y a réellement une école à ce niveau-là.

**Niko :** Beaucoup de joueurs suédois de cette époque ont joué à Kiel, sous les ordres de Noka, ce qui explique ces similitudes. La Suède avait aussi une école de gardiens impressionnante. Ça a commencé avec Mats Olsson, puis il y a eu Tomas Svensson ou Peter Gentzel. Ce sont tous des gardiens très explosifs. Ils sautent, utilisent leurs jambes, plongent les bras en bas. C'est spectaculaire, hyper atypique et très déroutant quand tu joues contre eux. C'est très télégénique aussi parce que ce sont des mouvements incroyables. Je crois qu'ils ont inspiré beaucoup de gardiens. Aujourd'hui, Andreas Palicka s'inscrit dans cette lignée.

**Luka :** Palicka, c'est un joueur qu'on connaît bien, c'est notre coéquipier au PSG. Il est un peu foufou et hyper attachant. Sur le terrain, il a énormément d'énergie et il est comme ça dans la vie aussi. C'est un énorme travailleur. C'est notamment grâce à lui que les Suédois sont à nouveau tout en haut de l'affiche. Je pense qu'ils ont eu pas mal de pression sur les épaules par le passé, liée au lourd héritage des Bengan Boys. Le hand est très connu, très suivi en Suède mais paradoxalement, le handball de clubs n'est pas très fort, tous les joueurs internationaux évoluent à l'étranger.

**Ils ont été les premiers à faire des contre-attaques éclair.**

L'équipe nationale suédoise, avec Magnus Wislander et Stefan Lövgren, sacrée championne d'Europe en 2002.

**Niko :** Leur championnat n'est pas assez relevé pour retenir les meilleurs talents. La Suède a une culture hand qui lui permet de former énormément de super jeunes joueurs. Ils se révèlent dans leur pays mais derrière, ils partent tous, souvent en Allemagne ou au Danemark. C'est ce qui crée ce décalage entre le championnat et l'équipe nationale qui, elle, est très suivie.

## Le palmarès de la Suède

- Quintuple championne d'Europe (1994, 1998, 2000, 2002, 2022)
- Quadruple championne du monde (1954, 1958, 1990, 1999)
- Quatre fois médaillée d'argent aux Jeux olympiques (1992, 1996, 2000, 2012)

# LA CROATIE, LE « FRÈRE ENNEMI » TANT ADMIRÉ

**Niko :** Les premiers matchs dont je me souviens concernent souvent la Croatie. Loulou était trop petit, mais la finale des JO 1996 contre la Suède (27-26) m'a marqué. Je l'ai vue depuis un ferry, en famille, après un séjour en Croatie, justement. On était à fond devant ce jeu en provenance de l'école yougoslave. L'un de ses marqueurs, c'est une défense en 3-2-1 qu'Igor Vori, plus tard, incarnera avec son sens de l'anticipation et son agressivité. Puis, l'arrivée de grands gabarits a fait switcher les Croates en 6-0, système plus universel. En attaque, leur jeu ressemble aux modèles espagnols et français, avec une technique très fine, permettant de trouver les pivots. Petar Metličić, Blazenko Lackovic et Domagoj Duvnjak excellent dans ce domaine. Comme Ivano Balic, bien sûr.

**Luka :** Le moment où je veux revenir dans le hand correspond à son apogée. Pourtant, je l'observais alors avec distance, car j'étais le premier supporter de Niko. Et à cette époque, c'est Niko ou Balic.

**Niko :** On nous a beaucoup opposés, c'est vrai. Entre nous, il y avait du respect, bien sûr, mais lui n'avait qu'une envie : me battre. Et c'était clairement réciproque.

Face à Damir Bicanic (à gauche) et Igor Vori, France-Croatie, Championnat d'Europe 2014.

**Luka :** Avant votre rivalité, je me souviens avoir aimé le regarder au Mondial 2003. Il avait un pouvoir d'attraction avec son jeu et sa dégaine un peu nonchalante.

**Niko :** Ivano a tout explosé lors de cette compét'. De mon côté, c'était ma première, mais j'étais remplaçant. Depuis les tribunes, j'ai vu à quel point il pouvait tout faire. Il y a un côté NBA dans son jeu, avec une grande variété, un sens du spectacle, une star ultradominante en attaque mais qui ne défend pas.

**Luka :** En défense, justement, la Croatie, c'est très rugueux, parfois à la limite, avec des joueurs d'expérience capables de te faire dégoupiller.

**Niko :** Surtout qu'avec nous, c'est particulier. Notre père est Croate. On aurait pu porter ce maillot. Au début de ma carrière, j'ai ressenti ce côté frères ennemis, notamment au Mondial 2009, organisé là-bas.

**Luka :** Lors de mon arrivée chez les Bleus, en 2014, cette hostilité s'est atténuée car la Croatie était à la fin de sa génération exceptionnelle. J'ai la double nationalité. Je comprends et parle la langue slave. L'entendre sur un terrain me rappelle d'où l'on vient.

**Niko :** D'ailleurs, lorsque la France n'est pas impliquée et que la Croatie joue, on les supporte – comme chaque nation des Balkans, et cela dans tous les sports. Cette partie de l'Europe est une partie de nous.

**Luka :** Les grandes performances de ces petits pays dans les sports collectifs sont incroyables. Je me demande parfois comment c'est possible... Là-bas, le sport occupe une place bien plus importante, dès l'école. Ces peuples ont aussi une vraie mentalité de guerriers, liée à leur histoire récente. Je les admire.

**Niko :** Quand des équipes comme la Croatie sort sur un terrain, on sent qu'elles jouent pour tout un pays. C'est un peu plus que du sport.

## Le palmarès de la Croatie

- **Championne olympique (1996, 2004)**
- **Championne du monde (2003)**
- **Triple vice-championne d'Europe (2008, 2010, 2012)**

France-Croatie, Championnat du monde 2019.

France-Croatie, TQO 2021.

# L'ESPAGNE, LE RIVAL SANGUIN

**Niko :** L'Espagne, c'est un style encore différent, basé plutôt sur le duel, avec un jeu en lecture, plus lent. Pendant très longtemps, ils se sont appuyés sur des joueurs aux gabarits plus petits, donc ils se servaient de leurs forces.

**Luka :** Défensivement aussi, ils ont leur propre style. Ils peuvent proposer des défenses étagées, des dispositifs un peu plus piégeux.

**Niko :** Chez eux, c'est d'abord le FC Barcelone qui m'a fait rêver, à partir de la fin des années 1990. Beaucoup de joueurs emblématiques sont passés par ce club. Mais il y a eu aussi Portland San Antonio, Irun, Santander, Ciudad Real, Ademar León. Ce championnat a vu passer énormément de stars. Cela a profité à l'équipe nationale, qui a pu compter génération après génération sur d'excellents joueurs. Les Espagnols ont toujours été très proches de gagner des titres, jusqu'à ce premier sacre mondial en 2005.

**Luka :** À partir de ce moment-là, une vraie rivalité France-Espagne s'est installée. Même si les prémices sont apparues dès les Barjots...

**Niko :** Je me souviens de cette fameuse anecdote des JO 1992, à Barcelone : Laurent Munier croise un joueur espagnol dans le village olympique à la veille d'un match France - Espagne et mime le couteau sous la gorge, l'air de dire : « Toi, demain... ». Les Bleus gagnent et ça lance un peu leur histoire olympique.

**Luka :** Et en 1995, avec Jackson (*Richardson*), les Bleus sont encore à deux doigts de se bagarrer contre l'Espagne...

**Niko :** À partir de 2006 et dans les années 2010, cette rivalité va même dépasser le hand. C'est aussi hyper chaud en basket, les footballeurs espagnols enchaînent les titres et succèdent à la France... Il y avait une réelle animosité et elle était palpable quand on jouait contre eux.

**Luka :** La différence de tempéraments par rapport aux Scandinaves était très nette. Ils étaient beaucoup plus sanguins...

**Niko :** Sur le terrain, on se détestait, même si en dehors il y avait beaucoup de respect. J'ai eu la chance de partir à Barcelone en 2013 et j'ai joué avec pas mal de joueurs que j'avais l'habitude d'affronter. Ça m'a permis de me rapprocher des Espagnols. Depuis, ce sont tous devenus mes amis.

**Luka :** Je suis venu te voir plusieurs fois au Palau Blaugrana, j'ai senti toute l'histoire de ce club. Te voir évoluer avec le maillot de Barcelone, c'était aussi une fierté pour moi...

**Niko :** Oui, il y a une vraie fierté d'avoir pu jouer dans le plus grand club omnisports du monde, d'être entré dans cette histoire-là. Mais je garde

**Il y avait une réelle animosité et elle était palpable quand on jouait contre eux.**

Jackson Richardson, Pascal Mahé et Frédéric Volle, France-Espagne, JO 1996.

aussi de mon passage à Barcelone tout ce qu'il y a autour du handball, cette manière de vivre le sport, de se prendre peut-être un peu moins au sérieux. Les Espagnols insistent beaucoup sur la notion de camaraderie. Pour eux, c'est important de vivre des choses ensemble. L'objectif n'est pas juste de jouer et de gagner ensemble, on était aussi très soudés en dehors. On était plus qu'une équipe.

**Luka :** La tradition du repas, c'est quelque chose que tu as ramené de Barcelone à Paris...

**Niko :** Oui, quand un nouveau joueur arrive, il doit inviter l'équipe dans un très bon restau et faire un discours. C'est une soirée initiatique. C'est une belle manière de commencer la saison.

## Le palmarès de l'Espagne

- Double championne d'Europe (2018, 2020)
- Double championne du monde (2005, 2013)
- Quatre fois médaillée de bronze aux Jeux olympiques (1996, 2000, 2008, 2020)

elan
FDJ
16
adidas

Avec Xavier Barachet, Titi Omeyer et Daniel Narcisse face à Alex Dujshebaev, France-Espagne, Championnat du monde 2015.

# LE DANEMARK, LES ARTISTES DU TIR

**Niko :** Les Danois sont le peuple qui a déposé le brevet du tir dans toutes les positions. Chez eux, le shoot est un art. Le représentant le plus emblématique reste Mikkel Hansen, mais il y a aussi Simon Pytlick, Morten Olsen ou Mads Mensah. Et puis, il y a leurs ailiers, symbolisés par leur sélectionneur Nikolaj Jacobsen. Il a été l'un des premiers à jouer à ce poste avec un gabarit de pivot. Il enchaînait les roucoulettes, les chabs et les lobs dans tous les sens. Lars Christiansen a pris le relais. C'était un joueur fantastique, capable de prendre des tirs avec 30 cm d'angle. Les ailiers danois ont beaucoup inspiré ceux des autres nations, la preuve avec Uwe Gensheimer.

**À cette tradition du tir, ils ont ajouté des joueurs de duel. Leur arsenal est complet.**

**Luka :** S'il y a bien un pays où le ballon est blindé de colle et un peu dégonflé, c'est le Danemark. Ça permet à leurs joueurs d'avoir une gamme de shoots encore plus élargie. À cette tradition qu'évoquait Niko, ils ont ajouté des joueurs de duel. Leur arsenal est complet.

**Niko :** Sans oublier leur incroyable réservoir de gardiens : Niklas Landin, Emil Nielsen, Kevin Møller… Au point que Jannick Green, excellent avec nous au PSG, n'est pas sélectionné en équipe nationale.

**Luka :** Le Danemark est un petit pays qui a eu de grands résultats sur lesquels il a surfé. C'est une locomotive du hand mondial, ainsi qu'une nation importante dans notre histoire avec les Bleus. Là-bas, j'ai disputé et remporté ma première compétition, l'Euro 2014. En revanche, amis Danois, vous avez une marge de progression niveau accueil. L'hôtel où on résidait était minuscule. Des mini-lits, mini-assiettes, mini-couverts… mais une immense confrontation face à vous en finale (41-32), première d'une longue série, avec deux finales olympiques, l'une perdue en 2016 (26-28), l'autre remportée en 2021 (25-23).

France-Danemark,
Championnat d'Europe 2018.

24
BYGMA
HE
4
Oasis
N. KARABATIC
13
Oasis
FDJ

**Niko :** Avant Loulou, on les bat au terme d'une finale épique des Mondiaux 2011 à Malmö (Suède), où ils jouaient comme à domicile (37-35, ap). Après Tokyo, ils nous battent en finale des Mondiaux 2023, puis on prend notre revanche à l'Euro 2024. Une vraie rivalité s'est installée.

**Luka :** Rivalité plutôt saine sur le terrain, moins en Guadeloupe… La Fédération les y avait invités à partager notre stage de préparation aux JO 2016. Une journée de petites épreuves à la Koh-Lanta avait été organisée sur une plage. Les règles de certaines n'étaient pas clairement définies, donc on avait gagné une course de kayak en le portant le long de la plage plutôt qu'en ramant. Rien ne l'interdisait dans le règlement ! Les Danois étaient fous et se sont vengés sur l'épreuve suivante, et ainsi de suite… Ça a quelque peu tourné au vinaigre, au point qu'aucun gagnant n'a été décrété !

## Le palmarès du Danemark

- **Double champion olympique (2016, 2024)**
- **Triple champion du monde (2019, 2021, 2023)**
- **Double champion d'Europe (2008, 2012)**

France-Danemark, Championnat d'Europe 2024.

43
KONAN

# 2

# NOUS DANS L'HISTOIRE DU HAND

L. ABALO
19

# NOS DREAM TEAMS

**Depuis plus de dix ans, Nikola et Luka Karabatic évoluent côte à côte, en club et sous le maillot bleu. Une décennie au PSG et en équipe de France leur a permis de côtoyer le gotha des handballeurs. Ils racontent les plus marquants, à travers cinq de leurs Dream Teams.**

# LES BLEUS DE 2014

**L'Euro 2014 représente un tournant pour l'équipe de France. La moitié de la génération des Experts a pris sa retraite. De nouveaux joueurs disputent leur première compétition internationale, comme Luka, sélectionné par Claude Onesta pour remplacer l'immense Didier Dinart au poste de pivot. L'alchimie opère tout de suite, grâce à un mélange idéal entre un noyau dur de cadres et de nouveaux éléments pétris de talent et d'humilité. Les Bleus remportent cet Euro danois, puis le Mondial 2015 au Qatar.**

## Thierry Omeyer,
« la bête de compét' »

**Niko :** Parmi les cadres de cet Euro 2014, je pense à Thierry Omeyer. Titi, c'est avant tout le mental. Il m'a beaucoup inspiré sur ce plan. C'est une bête de compét', sur tous les terrains. La légende dit qu'il n'a jamais laissé gagner ses enfants, même aux jeux de société !

**Luka :** Il a aussi un côté bible du sport. Il peut citer tous les vainqueurs du Tour de France. Sur le terrain, il s'est forgé une aura. Il entrait dans la tête de ses adversaires, en même temps qu'il rassurait ses coéquipiers.

Avec Thierry Omeyer, France-Biélorussie, Championnat d'Europe 2014.

**Niko :** La finale victorieuse du Mondial suédois, en 2011 face au Danemark (37-35, ap), illustre sa force. Chose rare pour lui dans les grands matchs, il n'est pas à son meilleur niveau durant le temps réglementaire, au point que certains se demandent s'il doit disputer la prolongation. Puis, il se remet dedans, comme un grand, et réalise une fin de match énorme. Titi est le meilleur gardien de l'histoire du handball.

## Daniel Narcisse,
« la force tranquille »

**Niko :** Sur un terrain, il possédait des qualités physiques hors normes. Quelle explosivité, quel saut… Il savait tout faire, et tout paraissait si facile. Dans la vie, Toumout' est le miroir inversé de Titi : c'est la force tranquille. Pour lui, tout va toujours bien.

**Luka :** Pour un jeune joueur, Daniel apportait beaucoup de sérénité. Et c'était aussi un solide fêtard. Il me disait souvent à quel point il trouvait ces moments importants pour un groupe. D'ailleurs, Niko, c'est le moment de raconter ton anecdote à Londres…

**Niko :** Haha ! On était dans la même chambre aux JO. Le soir du titre, la seule condition était de se retrouver le lendemain à 9 h dans le hall de l'hôtel, pour le retour à Paris. Je me réveille à

Avec Michaël Guigou, Luc Abalo
et Daniel Narcisse, France-Croatie,
Championnat d'Europe 2014.

8 h 30. Daniel dort. Je lui dis : « Toumout', réveille-toi, on part dans une demi-heure. » Il me répond : « T'inquiète. » Je fais mon sac, je prends ma douche. Il dort. « Toumout', on part dans un quart d'heure. » « T'inquiète. » Mes affaires sont prêtes. Il dort. « Toumout', on part dans cinq minutes. » « T'inquiète. » Bon. Je descends. À 9 h, Daniel n'est pas là. On remonte. Il dort, évidemment. On le sort du lit, on lui dit de se dépêcher, on redescend. Les minutes passent, et toujours pas de Daniel. Il s'était encore recouché. Tant pis, on s'en va sans lui. Pourtant, par miracle, il est arrivé à l'heure à la gare ! La légende dit qu'une des aide-ménagères l'aurait réveillé et aidé à faire son sac.

**Luka :** Le pire, c'est qu'à la gare, il aurait été capable de vous dire : « Mais vous voyez les gars, y avait le temps ! »

## Michaël Guigou et Luc Abalo,
« le duo de voltigeurs »

**Niko :** Avec Micka, on a grandi ensemble au centre de formation. Il avait une vitesse et une coordination incroyables, agrémentées d'un sacré flair, issu de l'école montpelliéraine, qui lui permettait d'intercepter énormément de ballons.

**Luka :** Dans le maniement de la balle, sa technique était très fine. C'est l'un des plus impressionnants que j'ai vus à l'œuvre. Micka, c'est aussi la grinta, un état d'esprit de guerrier sur un terrain.

**Niko :** Dans le vestiaire, il était le responsable des coupes de cheveux des petits jeunes qui arrivaient. N'est-ce pas, Loulou...

**Luka :** Ah oui, j'ai eu le droit à une belle tonsure de moine. Magnifique... Il savait aussi te rappeler où tu en étais dans ton processus d'intégration, comme s'il tenait un registre. Micka veillait au respect des traditions. Et ça va bien avec son caractère casanier, très famille. Il a d'ailleurs gardé son groupe d'amis de jeunesse, qui le suivait sur les compétitions. Micka, c'est un vrai fidèle.

**Niko :** Sur les ailes, il formait un sacré duo de voltigeurs avec Luc (*Abalo*), qui avait cette même aisance naturelle. On a le même âge et je l'ai connu dès nos 14 ans, lors d'un tournoi intercomités à Orléans. Il était au-dessus du lot, il sautait partout, il tirait déjà comme un fou. Lors de la finale de l'Euro 2006 en Suisse, il envoie un costal de dix mètres pleine lucarne. David Barrufet, le gardien espagnol, se blesse en essayant de l'arrêter ! Derrière, on gagne le match. Luc fut l'un des premiers ailiers à tirer de neuf mètres. On a longtemps joué sur son imprévisibilité, en le faisant reculer au poste d'arrière droit. C'est un artiste sur le terrain, mais aussi dans la vie. Il fait de la peinture, de la photo et a aussi créé sa marque de vêtements.

## Valentin Porte,

« le touche-à-tout »

**Luka :** L'Euro 2014, c'est aussi l'explosion de Valentin Porte. Les dix premiers jours de la compétition, pourtant, on le voit sur la table de kiné allongé avec une cuisse ecchymosée, qui a doublé de volume. Déjà qu'on le charrie sur son fessier assez imposant, là, il était énorme ! On pensait qu'il ne pourrait même pas jouer, mais il arrive finalement à nous rejoindre en cours de compétition, et il fait des trucs de dingue, en demi et en finale, en attaque comme en défense. C'est un joueur complet.

**Niko :** Il a de vraies qualités techniques : il peut tirer de loin, il est puissant dans le un contre un, ce qui lui permet de jouer arrière. C'est un guerrier en défense, qui va au contact, met de l'agressivité. Et en même temps, il a des qualités de finesse dans le tir à six mètres, quand il joue ailier droit, avec des chabalas et des roucoulettes qui le rendent redoutable.

**Luka :** Valentin, c'est un joueur compulsif, un hyperactif du sport. Il est capable de s'entraîner et le lendemain, sur un jour off, d'aller faire du golf ou du padel.

**Niko :** Il a un talent naturel de touche-à-tout. Il s'intéresse à tous les sports, il aime la compétition. En plus de toutes ces qualités-là, Valentin est un sacré joueur de pocha, un jeu de cartes espagnol que j'ai ramené de Barcelone. En équipe de France, on a créé un petit tournoi pendant chaque compétition et malheur au vaincu... Cela peut parfois mettre le bazar, n'est-ce pas Loulou ?

**Luka :** ... Il y a toujours le côté compétiteur qui ressort ! En cas de défaite, tu prends ce qu'on appelle une crotte. Très porté sur les statistiques, Valentin note combien chacun a de médailles d'or et de crottes et à la fin de la compét', il ne faut surtout pas être dernier. C'est un jeu où il y a toujours du suspense et une ou deux fois, oui, ça a fini en eau de boudin. Un jour, j'ai carrément quitté le groupe WhatsApp de la pocha parce qu'il y a eu un vol aux yeux du monde qui n'a pas été notifié. Je me suis senti vraiment trahi, ça a tourné à l'incident diplomatique et c'est remonté très haut. C'était en Croatie, en 2018, et on en parle encore !

**Niko :** La veille de la demi-finale contre l'Espagne...

**Luka :** Malheureusement, on a perdu derrière et certains diront que ça a pu influer sur le résultat...

**Valentin, c'est un joueur compulsif, un hyperactif du sport.**

Valentin Porte, France-Croatie, Championnat d'Europe 2014.

SELECT

# LES BLEUS DE 2017

**Seize ans après le sacre historique de 2001, la France reçoit de nouveau les meilleures nations de la planète chez elle. Malgré le forfait de Luka dès le premier tour, ce Mondial 2017 se révèle maîtrisé de bout en bout par les hommes de Didier Dinart. Il témoigne aussi de l'explosion définitive de plusieurs jeunes Bleus au plus haut niveau.**

## Vincent Gérard,

### le « président » et « son logiciel »

**Niko :** Ce Mondial 2017 est celui de l'éclosion de Vincent Gérard. Il partageait les buts avec Thierry Omeyer, de dix ans son aîné. Ce sont deux très grands gardiens et deux très forts caractères. En demi-finale, on affronte la Slovénie. Vincent connaissait bien leurs joueurs, donc Didier a décidé de le faire démarrer, une décision loin d'être facile à prendre. Il fait un match de fou, qu'il confirme par une finale de haut vol face à la Norvège. Ces deux matchs symbolisent une passation de pouvoir, puisque Titi prend sa retraite juste après. Vincent a magnifiquement pris sa relève et ils font aujourd'hui partie des gardiens de légende de l'équipe de France.

**Luka :** J'ai une histoire particulière avec lui. Quand j'ai repris le hand au centre de formation de Montpellier en 2007, il y jouait aussi. À l'époque, il avait encore des cheveux (!), et c'est la première fois que je voyais un gardien être autant dans l'analyse des tireurs. Depuis, il a carrément créé une sorte de logiciel, où il recense les tirs de chaque joueur et qui lui montre les habitudes de ses adversaires. Impressionnant.

**Niko :** Il faut aussi savoir que Vincent a une réputation de râleur. Quand on ne le connaît pas, ça peut intimider, mais c'est un mec adorable, très droit, qui a horreur de l'injustice et n'a pas peur d'affirmer ses convictions, même si ça ne plaît pas à tout le monde. Avec lui, il n'y a pas de faux-semblants.

**Luka :** C'est cette franchise qu'on apprécie chez lui, même entre nous. Ce n'est pas quelque chose qu'on rencontre souvent. On se dit les choses.

**Niko :** Il est président du syndicat des joueurs donc c'est quelqu'un qui pourrait défendre la veuve et l'orphelin jusqu'au bout du monde.

## Nedim Remili,

### « la soif de victoires »

**Niko :** Ce Mondial 2017, c'est aussi Nedim Remili. C'est sa première compétition en tant que titulaire et il fait un super tournoi, où il montre toutes ses qualités au shoot. Avec Daniel et moi, il formait l'ossature de la base arrière du PSG, donc ça nous avait énormément facilité le travail. Nedim, je l'ai vu arriver très jeune à Paris et grandir étape par étape. D'abord avec Noka (*Serdarusic, l'entraîneur*), qui a été dur avec lui. Tout n'a pas été forcément facile, parce que Nedim avait la tête dure et ne comprenait pas sa sévérité.

**Luka :** Finalement, il a aimé ce côté old school, un peu dur, de Noka. C'est une forte tête mais il encaisse bien.

Kentin Mahé, France-Norvège, Championnat du monde 2017.

**Niko :** Il peut réagir au quart de tour mais comprendre dans la foulée que c'était pour son bien. Avec lui, j'ai la sensation d'être un grand frère, après l'avoir vu débarquer, avoir été là à chaque étape de sa progression. Il y a une petite fierté de l'avoir aidé à grandir, peut-être.

**Luka :** Je me souviens qu'il était venu te voir, très jeune, à l'hôtel...

**Niko :** Oui ! On était en stage avec l'équipe de France, sûrement en 2014. Lui commençait à jouer en D1 à Créteil. Autour d'un café, on avait parlé de lui, de son jeu, de ses envies. Il voulait avoir mon opinion. J'avais beaucoup apprécié cette discussion, j'avais trouvé ça génial de voir un jeune aussi motivé, très ambitieux, qui savait ce qu'il voulait. Ça m'avait marqué et quand Noka a cherché un arrière droit pour Paris, en 2016, j'ai soufflé son nom. Nedim a cette soif de victoires. Il l'a apportée à l'équipe de France et désormais, il a pris les rênes des Bleus. Il aime les responsabilités et les gros matchs. Au-delà de toutes ses qualités physiques, il se distingue aussi par la force de son mental, indispensable au plus haut niveau. Il veut marquer son sport et son équipe. C'est là qu'il est vraiment costaud.

# Kentin Mahé,
## « un grain de folie »

**Luka :** Kentin Mahé a lui aussi été un grand artisan du titre de 2017. Il est arrivé en équipe de France dès 2010, mais a très peu joué jusqu'au Mondial 2015, où il se révèle. Il a toujours été ultra polyvalent, capable de jouer demi-centre, ailier gauche, sur la base arrière... Je garde surtout de lui l'image de quelqu'un doté d'une énergie communicative, qui joue avec beaucoup de passion et d'intensité.

**Niko :** On l'appelle Montessori, parce qu'il pense différemment et qu'il est très créatif. Sur le terrain, il peut faire des dingueries. Il faut parfois être derrière lui, parce qu'il est à 200 % dans tout ce qu'il fait. Dans sa tête, il est un peu câblé différemment. Claude (*Onesta*), à l'époque, aimait lui envoyer des piques.

**Luka :** Il y en a une qui est restée dans les annales. On est au Club France, deux jours avant le début des JO 2016 de Rio. Kentin débarque avec un appareil photo Polaroïd, qu'il avait acheté pour l'occasion, avec la lanière en cuir qui va bien, les lunettes de soleil... Sauf qu'au moment où on nous appelle sur scène, il reste habillé comme ça. Et je pense que Claude n'a pas trop apprécié... Il lui a fait comprendre au moment de faire son discours.

**Niko :** Il lui a dit : « Mahé, ne te trompe pas d'objectif, tu n'es pas venu faire du tourisme avec ton appareil photo. » Kentin, c'est vraiment un personnage hyper attachant, dans la continuité de son papa Pascal (*champion du monde en 1995 avec les Barjots*).

**Luka :** Il a clairement ce grain de folie des Barjots, sur lesquels il a entendu beaucoup d'histoires durant sa jeunesse. Ça a déteint un peu sur lui, forcément.

L'équipe de France championne du monde 2017.

Butagaz
Butagaz

# LE PSG DE 2017

**Le 4 juin 2017, près de deux ans après leur arrivée, les frères Karabatic tombent à la dernière seconde en finale de la Ligue des champions, face à Skopje (23-24). Cette saison quasi parfaite est marquée par l'émergence d'Uwe Gensheimer.**

## Uwe Gensheimer,

le « cyborg » élégant

**Niko :** Les regrets seront éternels après cette finale... Mais se replonger dans cette saison est l'occasion de rendre hommage à Uwe Gensheimer, notre ailier gauche de l'époque. Techniquement, il était impressionnant, avec une qualité de tir et de poignet rarement vue et égalée. Il savait tout faire : des roucoulettes dans les deux sens, des lobs, des chab' (*chabalas*). En tant que coéquipier, quand il tirait, tu prenais parfois, inconsciemment, quelques secondes pour admirer son tir plutôt que de te replier tout de suite.

**Luka :** En plus, il était grand pour un ailier (1,88 m). Sa trajectoire prouve qu'il ne faut pas nécessairement être petit pour jouer à ce poste. Ses qualités physiques nous ont fait beaucoup de bien au PSG (*de 2016 à 2019*). Et puis, il avait un tel niveau de confiance. Le mec ne doutait jamais. S'il fallait prendre cinq tirs d'affilée avec vingt centimètres d'angle, il les prenait. Sans hésiter. Sur le terrain, il avait un côté cyborg.

**Niko :** C'est un joueur élégant pour lequel tu paies ta place, que tu as envie de voir jouer.

Uwe Gensheimer, PSG-Nantes, Ligue des champions 2017.

VELUX
PARIS

# LE PSG DE 2022

**Depuis leur arrivée dans la capitale, les frères Karabatic ont toujours été sacrés champions de France avec le PSG. Au cœur de ces neuf années de règne hexagonal, la saison 2021-22 reste à part. Les Parisiens ont réalisé cette année-là une performance colossale : gagner les trente matchs de championnat de leur saison, grâce à des cadres au sommet de leur art.**

## Mikkel Hansen,

### un « bras hors pair » à la Federer

**Niko :** Ce sans-faute a notamment été marqué par une victoire à la dernière seconde à Montpellier (*33-34, le 24 octobre*). C'est Mikky (*Mikkel Hansen*) qui nous a délivrés.

**Luka :** Mikky est un joueur « clutch », décisif dans les grands moments. Pendant toute sa carrière, il a inscrit un sacré paquet de buts en dehors des neuf mètres, à la dernière minute, qui te font gagner un match. Des « buzzer-beaters ». Son but à Montpellier est d'autant plus symbolique qu'il n'avait pas fini la saison, à cause d'une embolie pulmonaire. Ce qu'il y a de plus impressionnant chez lui, c'est son bras hors pair. Sa qualité de shoot est phénoménale. C'est une icône de notre sport. Quand tu es dans son équipe, tu sens qu'il s'agit d'un joueur spécial, pour lequel les gens se déplacent.

**Niko :** Comme pour Uwe, tu as envie d'assister à un de ses matchs, au moins une fois dans ta vie, afin de pouvoir dire, plus tard : « Je l'ai vu jouer de mes propres yeux. » Mikky est le meilleur shooteur de l'histoire du handball. Il est très fluide, propre, classe. Très dur à toucher pour les défenses, donc rarement décoiffé ! Il a un côté Roger Federer.

Mikkel Hansen félicité par Nedim Remili, Dainis Kristopans, Henrik Toft Hansen et Luka, Montpellier-PSG, Starligue 2021.

## Luc Steins,

### le « caméléon » devenu maître à jouer

**Luka :** Impossible de parler de ce 30/30 sans évoquer Luc Steins. Il reste sur trois saisons et demie de fou à Paris, mais celle-ci est au-dessus. Il était notre maître à jouer. C'est là qu'il s'est fait un nom sur la scène internationale.

**Niko :** Il a montré que ce n'est pas parce qu'on est petit (1,73 m) qu'on ne peut pas jouer sur la base arrière. Ses qualités de vitesse et de un contre un, mêlées à son intelligence tactique et son grand calme, lui ont permis de s'adapter à notre jeu en deux matchs. Il a tout de suite apporté et il est vite devenu notre fer de lance. Il m'impressionne depuis son arrivée.

**Luka :** On s'appuyait aussi sur une paire de gardiens très expérimentée. Vincent (*Gérard*) et Yann (*Genty*) ont fait toute leur carrière en France. Ils connaissaient par cœur ce championnat, ses équipes et ses joueurs.

**Niko :** Ce qui m'a marqué, c'est l'autonomie que leur avait laissée le coach, Raul (*Gonzalez*), que ce soit sur leur façon de jouer ou sur leurs rotations.

**Luka :** Et c'est très rare avec Raul ! Je pense aussi à Sypa (*le pivot polonais Kamil Syprzak*), point d'ancrage dans les défenses adverses, qui a énormément scoré, ou encore à Henrik (*Toft Hansen, pivot danois*), un roc défensif.

TOFT HANSEN
15
QATAR
AIRWAYS
QNB
QATAR
AIRWAYS

# LES BLEUS DE 2024

**Par la densité de son plateau, l'Euro est considéré comme la compétition la plus relevée en handball. Le 28 janvier 2024, à Cologne (Allemagne), l'équipe de France l'a remporté pour la quatrième fois de son histoire, au terme d'un dernier week-end de folie, marqué par une demi-finale, face à la Suède, et une finale, contre le Danemark, arrachées en prolongation.**

## Deux grands frères
### et une bande de jeunes loups

**Niko :** C'est une vraie victoire d'équipe. D'habitude, dans une compét', une dizaine d'éléments sortent du lot. Là, tout le monde a pris part au succès.

**Luka :** C'est la première fois que Niko et moi avons à ce point ressenti un rôle de grands frères. Certains joueurs super forts n'avaient connu jusque-là que des désillusions ou n'avaient jamais eu la chance de remporter un tournoi. Je pense à Dylan (*Nahi*), que j'avais rencontré pour la première fois à l'Eurotournoi, où il portait des lunettes à la Horace Grant, ou encore à Yanis (*Lenne*), qui a toujours eu Luc (*Abalo*) devant lui sur l'aile droite. J'étais aussi très heureux de pouvoir partager ce titre avec Karl (*Konan*), dont j'ai vu les premiers pas lorsqu'il est arrivé au centre de formation d'Aix, depuis la Côte d'Ivoire. On se rend compte que, dans cette équipe, on partage plein d'histoires avec des joueurs qu'on a croisés jeunes.

**Niko :** Pour moi, le symbole le plus fort reste Melvyn (*Richardson*), que j'ai vu pour la première fois dans le bus aux JO 2004 à Athènes, avec Jack'. Il avait 7 ans. C'est magique d'avoir pu gagner une médaille de bronze aux Mondiaux 2005 avec le père puis, près de vingt ans après, de remporter un titre avec son fils. Dans notre histoire, Papa a été notre guide, donc on se reconnaît beaucoup dans la trajectoire de Melvyn. Et c'est vrai que l'Euro 2024 restera à part pour cette sensation d'avoir vu arriver, très jeunes, une grosse partie de l'équipe. Le gardien Charles Bolzinger, dont Papa était le parrain, est par exemple passé par les stages Karabatic, tout comme Samir Bellahcene. On sent dans les yeux de cette nouvelle génération beaucoup d'estime et d'admiration. Ils ont aussi envie de gagner pour nous et ça, c'est quelque chose que je n'avais jamais ressenti avant.

**Luka :** Pour ça, c'était génial, notamment par rapport à Niko. Ils ont tous un immense respect pour lui, ils l'ont idolâtré quand ils étaient plus jeunes. Et je crois que c'est fabuleux pour eux de le voir là, à 39 ou 40 ans, en mode compétition, avec toujours la même humilité. C'est hyper motivant pour toute l'équipe, dont Ludo (*Fabregas*) et Dika (*Mem*) sont devenus des piliers, après une compét' monstrueuse.

**Niko :** C'est vraiment dur de détacher des joueurs de cette génération. Il y a aussi Hugo (*Descat*), un doux fou, facteur X de l'équipe. Il aurait pu faire partie des Barjots !

**Luka :** Un bon joueur de pocha, lui aussi, comme Nico Tournat, un gros nounours. Dans cette génération, ils sont tous un peu fous.

**Niko :** Plus que nous ! C'est comme si l'esprit Barjot avait sauté une génération.

**Luka :** Mais c'était bien qu'on soit là pour les cadrer, aussi. Il y avait un juste équilibre à trouver.

Préfon
Bugaz
LIDL

préfon
CAISSE D'EPARGNE
FDJ

## Ludovic Fabregas et Dika Mem,

### deux cadres « de classe mondiale »

**Niko :** Si on a remporté cet Euro, c'est aussi grâce à Ludo et Dika. Ce sont deux joueurs majeurs de l'équipe de France, irréprochables au niveau de l'état d'esprit. Ils font vraiment partie des meilleurs au monde. Ludo, c'est la montagne catalane. Il est très posé, très calme. Ce n'est pas un grand parleur mais il apporte beaucoup de sérénité et de confiance à l'équipe.

**Luka :** Il sera d'ailleurs le prochain capitaine de l'équipe de France ! C'est quelqu'un qui a un grand sens du devoir. On l'a senti très vite quand il est arrivé chez les Bleus. Il était encore très jeune mais il a tout de suite joué un rôle important.

**Niko :** Ce sens du devoir et de la responsabilité est profondément ancré en lui. Il finit meilleur pivot de cet Euro et il aurait même pu être élu meilleur joueur de la compétition au regard de l'impact qu'il a eu, en attaque comme en défense. Il a été énorme...

**Luka :** Il joue à mon poste et c'est inspirant pour moi de le voir aussi fort, aussi complet. J'ai vraiment été impressionné par sa compétition.

**Niko :** Dika aussi a fait un grand championnat d'Europe. Comme Ludo, c'est un joueur de classe mondiale. Je me souviens de la première fois que je l'ai vu jouer avec Tremblay, il avait 18-19 ans. Il shootait à onze mètres avec son tir très spécial, vraiment très court, comme s'il envoyait des fléchettes. Je le voyais marquer des buts comme ça et je me suis dit : ouh là... D'entrée, tu pouvais voir qu'il avait un talent et une prédisposition rares. Il est arrivé en équipe de France assez jeune. C'est quelqu'un qui a toujours eu à la fois beaucoup d'ambition et un profond respect pour les anciens, pour l'équipe. Il est arrivé sur la pointe des pieds, il s'est fait sa place petit à petit avant de devenir un cadre.

**Luka :** Oui, ce mélange de respect et d'ambition, c'est vraiment Dika. Tu sens chez lui cette envie d'être le meilleur. Et derrière ses paroles, il y a les actes. Il est prêt à assumer.

**Niko :** À partir de 2018, il a montré tout ce qu'il savait faire et avec les JO de Tokyo, en 2021, il a encore atteint une autre dimension. Il a pris ses responsabilités en équipe de France, comme il le faisait déjà à Barcelone en tant que capitaine. Il s'est montré ultra performant à l'Euro. Même en finale, où il a peut-être été moins en vue, il reste décisif à la fin, dans les moments importants.

## Elohim Prandi,

### le « talent brut » enfin libéré

**Niko :** Bien sûr, cet Euro restera aussi celui d'Elohim Prandi, avec son but d'anthologie pour arracher la prolongation face à la Suède, en demi-finale. Elo possède un grand talent inné. Il a mis un petit peu de temps à se stabiliser mentalement avant de définitivement percer, sur cet Euro. C'était d'autant plus beau à voir qu'il a eu de grosses difficultés dans son parcours. Contre la Suède, il n'y avait presque que lui et son grain de folie pour marquer à cette distance-là.

Ci-dessus : Elohim Prandi et Yanis Lenne, France-Suède.

À gauche : Ludovic Fabregas et Dika Mem, France-Macédoine du Nord.

**Luka :** Pour être honnête, je ne pensais pas qu'il allait le mettre. Pour moi, c'était fini. Tout le monde parle du coup franc d'Elo mais il y a un double miracle : à dix secondes de la fin, les Suédois ont la balle… Déjà, normalement, c'est fini pour nous. Mais il y a un marcher, et on a cette dernière chance.

**Niko :** Les étoiles se sont alignées. C'est pour ça que moi, j'y croyais. Je disais aux copains sur le banc : « Vous allez voir, ça va rentrer, c'est sûr. » Mais j'ai quand même été surpris… Il est incroyable, ce but, on en reparlera… Il a donné à Elo une telle confiance qu'il a pu se lâcher et faire une prolongation de fou. Le lendemain, dans le money-time de la finale contre le Danemark, il est encore là. Ce but l'a libéré, lui qui se met beaucoup de pression, avec l'héritage de ses parents handballeurs et tout son talent.

**Luka :** C'est sûr qu'en termes de talent brut, j'ai rarement vu ça. Il n'avait jamais gagné de titres avec l'équipe de France, donc je pense que ça lui a fait un bien fou. Le meilleur reste à venir !

TOKYO 2020

# NOS JEUX OLYMPIQUES

**Dès l'enfance, les JO ont nourri l'imaginaire des frères Karabatic. Niko dispute ses premiers Jeux en 2004, puis remporte deux titres en 2008 et en 2012. Entre-temps, Luka abandonne le tennis pour revenir au hand. En 2021 à Tokyo, c'est ensemble qu'ils atteignent le toit de l'Olympe.**

# 1992 – 2000, DES GAMINS QUI RÊVENT

**Niko :** La première olympiade qui m'a marqué, c'est 1992. Je ne suis pourtant pas sûr de l'avoir regardée, mais elle me touche par ses retombées médiatiques. Je me souviens avoir dévoré les récits et les images des Bronzés jusqu'au podium, de la Dream Team américaine de basket, de Carl Lewis, de Marie-Jo (*Pérec*). Barcelone suscite ma vocation olympique, notamment par la place que le hand occupe. Même trente ans après, on en entend encore parler. Les premiers Jeux que je suis à fond, c'est Atlanta en 1996. Je me souviens de la finale du hand, Croatie-Suède (27-26) : on rentrait de vacances en famille en Croatie et je l'ai regardée sur l'écran géant d'un bateau, en supportant bien sûr les Croates ! La médaille d'or de Jean Galfione, au saut à la perche, est aussi un moment très fort.

**Barcelone suscite ma vocation olympique.**

**Luka :** Je suis plus jeune de quatre ans et le premier souvenir qui me vient, c'est en 2000 à Sydney. La médaille d'or de David Douillet me fait vibrer. Je stresse devant son combat. En revanche, les Jeux n'ont jamais été synonymes de tennis pour moi. Même si Arnaud Di Pasquale décroche le bronze en 2000, voir cette discipline aux Jeux me fait toujours la même impression étrange. Pour moi, l'esprit olympique, c'est avant tout les sports collectifs, comme le hand.

**Niko :** Ah, Sydney... Soit j'enregistre les compétitions, soit je me lève tôt avec Papa. On regarde le hand et un peu toutes les épreuves diffusées en boucle à la télé. J'ai 16 ans, je viens de rentrer à Montpellier, c'est un peu le début de ma carrière. En un sens, j'ai déjà basculé dans un autre monde. Je ne suis plus l'enfant qui rêve, j'y suis presque. Je regarde les Jeux autrement, presque comme un entraînement.

# 2004, LES PREMIERS JEUX DE NIKO

Jackson Richardson, porte-drapeau de la délégation française aux JO d'Athènes.

**Luka :** Athènes, ce sont les premiers Jeux de mon grand frère, donc c'est forcément particulier. Je me souviens d'ailleurs de ta coupe de cheveux de l'époque, façon boys band. C'est la seule fois de ta carrière où tu les as eus un peu longs, tout en désépaississant devant… C'est une période où Niko tente des choses côté mode. Je me souviens de certaines chemises transparentes… Mais il a réussi à m'embarquer, je récupérais les affaires dont il ne voulait plus…

**Niko :** Oh, la victime…

**Luka :** J'étais super content de récupérer des vêtements de marque mais par ricochet, j'ai hérité aussi de quelques fautes de goût. En tout cas, ces Jeux occupent forcément une place à part. En plus, Jackson (*Richardson*) est porte-drapeau. Je vais voir le tournoi de prépa à Strasbourg. Il y a beaucoup d'effervescence et d'espoir autour des Bleus.

**Une découverte émerveillée mais une énorme frustration.**

**Niko :** Dire que j'ai failli les rater ! Avant les Jeux, on a quelques jours de repos à Montpellier. Et au moment de partir pour Athènes, mon père m'emmène en voiture à l'aéroport. Et là, des bouchons incroyables. Je suis à deux doigts de rater l'avion. Il accélère, prend des raccourcis, me dépose à la va-vite. Je n'ai même pas le temps de lui dire au revoir. Et il n'a pas le temps de me dire les quelques mots qu'il a l'habitude de me glisser avant chaque grand départ. Avant même la compétition, il me reste énormément de souvenirs de cette première expérience olympique. Le village d'abord, le réfectoire, le bus, le fait d'être entouré de tous ces athlètes... On partage un appartement tous ensemble, c'est quasiment une coloc'. Je dors dans la cuisine de l'appart' avec Micka (*Guigou*). Je mets mon oreiller sur la tête car il n'y a pas de volets. Cette habitude m'est restée. Et puis, comment oublier la cérémonie d'ouverture ? *La Marseillaise*, au moment d'entrer dans le stade, c'est hyper fort. Jack' est notre porte-drapeau, notre guide. Je suis si fier que le hand soit mis à l'honneur de la sorte.

**Luka :** C'est vrai que tu en parles avec beaucoup de positif, alors que l'aventure s'arrête en quart, contre la Russie (24-26).

**Niko :** Athènes, c'est à la fois cette découverte émerveillée des Jeux, mais aussi une énorme frustration sur le terrain. Pourtant, tout se passe super bien en poules, on bat tout le monde, dont l'Allemagne. On finit solides premiers. Derrière, il y a ce quart de finale horrible face aux Russes. Une grosse, grosse déception. Ils ont fait la différence sur l'expérience. Le contexte du match est aussi inhabituel. On joue juste après le match entre l'Allemagne et l'Espagne, qui se finit aux penalties. On commence tard, après plusieurs échauffements intensifs... Après cette élimination, il nous reste deux matchs de classement. L'ambiance est lourde. Lors de mon retour en France, je n'ai pas pu m'empêcher de penser que c'était peut-être le fait de ne pas avoir eu les mots de Papa à l'aéroport qui expliquait qu'on n'ait pas eu le « mojo » sur ces Jeux.

Niko, Didier Dinart et Jérôme Fernandez, France-Russie, JO 2004.

# 2008-2012, LE RÈGNE DES EXPERTS

**Luka :** En 2008, cela fait moins d'un an que j'ai repris le hand. À ce moment-là, les Jeux me semblent encore bien loin, dans tous les sens du terme, puisqu'ils ont lieu à Pékin, à l'autre bout du monde. Mais ça reste le premier titre olympique de Niko. Ramener une médaille olympique dans la famille, c'est incroyable. Je me souviens de ce que ça avait procuré à notre père…

**Niko :** Après la finale, j'appelle Papa. Pour la première fois, je l'entends pleurer. De bonheur et de fierté. Il me dit : « Ça y est, tu es sur le toit du monde, il n'y a plus rien au-dessus. » C'est comme s'il disait : « On a réussi. » C'est un moment magique, à l'image de ces JO. Dès la cérémonie d'ouverture, on croise plein d'immenses sportifs : Kobe Bryant, Novak Djokovic, Yao Ming… C'est la fête.

**Luka :** On s'appelle assez souvent avec Niko, afin de partager tout ça. Je vis un peu ces Jeux par procuration. Au-delà des matchs, j'adore découvrir les à-côtés, les coulisses, tout ce que les gens ne savent pas. Je suis un témoin privilégié.

## En mission à Pékin, au mental à Londres.

**Niko :** Dès la préparation, on a un groupe en mission. En plus, on arrive revanchards, après la déception du Mondial 2007 où on se fait sortir en demi-finale par l'Allemagne d'une manière un peu injuste, sur décisions arbitrales… On est surmotivés. On ne veut pas laisser une miette. Les fantômes de 2004 font leur apparition lors de la dernière rencontre de poule face à la Pologne. Sur le banc, en fin de match, je me souviens que Claude (*Onesta*) et Didier (*Dinart*) se demandent s'il ne vaut pas mieux perdre, pour éviter de tomber sur les Russes en quart. J'interviens pour dire qu'on ne joue pas avec le destin, qu'il ne faut pas avoir peur des Russes. On concède le match nul, on les recroise donc en quart, et on arrive à vaincre ces vieux démons de 2004. En demi, on prend le meilleur sur les Croates et on affronte en finale les Islandais, vainqueurs surprises de l'Espagne. On se retrouve dans la position du favori, alors qu'on n'a jamais été champions olympiques. Le piège… En face, il y a une équipe de classe mondiale, avec des joueurs comme Stefansson, Sigurdsson… Au début du match, il nous faut un peu de temps pour nous libérer et évacuer le trop-plein de nervosité et de pression.

**Luka :** De cette finale, je garde surtout les images du match de Niko. Il marche sur l'eau. Il est là où il doit être, il sait ce qu'il doit faire, ce pourquoi il s'est entraîné toute sa vie. Le graal est là, à portée de main. Toutes les planètes s'alignent. Il fait une finale de fou.

En haut : Niko avec Olivier Girault, France-Islande, JO 2008.

En bas : Niko avec Cédric Sorhaindo, Didier Dinart et Daniel Narcisse, JO 2012.

**Niko :** Je me souviens de tirs que je prends, en appui, hyper loin. Après coup, quand ça rentre, je me demande comment j'ai fait. Comme dit Loulou, c'est comme si quelque chose de supérieur me guide sur cette finale. Je suis dans le « flow ». Je prends mes responsabilités. Tout me réussit. Un état de totale confiance. Ressentir ça sur une finale olympique, le plus grand match de mon histoire, c'est juste incroyable.

**Luka :** Quatre ans plus tard, les Jeux ont lieu à Londres, bien plus proches de Montpellier, où je suis alors en préparation physique. Ma vie a changé : je joue en équipe première, je connais bien la plupart des joueurs de l'équipe de France. Quand ils arrivent en finale, je demande à Patrice (*Canayer, l'entraîneur*) si je peux sauter un entraînement pour y assister. Il accepte. On fait l'aller-retour avec Jeny, ma femme.

**Niko :** Leur présence, avec celle de Maman et de Géraldine, ma compagne, compte beaucoup pour moi.

**Luka :** Avant d'aller voir la finale, on passe au village olympique. Là, je me rends compte que Niko est partout. Il a fait une énorme campagne publicitaire avec Visa, où il pose aux côtés d'Usain Bolt, sur des banderoles, des sachets… Je trouve ça dingue de voir des gens des quatre coins du monde avec des objets à l'effigie de mon frère.

**Niko :** Ce sont les premiers Jeux où de gros sponsors s'intéressent à moi, avec Visa, Procter & Gamble, Head & Shoulders… Il y a un vrai engouement de la part des sponsors et des médias lors de ces JO. Pourtant, notre aventure ne démarre pas de la meilleure des manières. Quelques mois plus tôt, on se plante à l'Euro, où on termine onzièmes. C'est la première compétition où cette génération se loupe dans les grandes lignes. C'est un mal pour un bien car, vu qu'on rafle tout depuis 2008, on en arrive à penser que ça passera tout seul. De mon côté, en plus, je me suis blessé avec Montpellier juste avant la préparation olympique. Je cravache dur pour retrouver ma forme. Sur cette compétition, on ne fait pas forcément partie des favoris, surtout qu'on perd contre l'Islande en poule. Le quart contre l'Espagne est autant un tournant qu'un miracle : on gagne à la dernière seconde, sur un but de Willy (*William Accambray*), qui reprend un tir que moi, je rate. Il nous sauve.

## Ce titre est d'autant plus spécial que j'ai la chance de le partager avec Cédric Sorhaindo.

**Luka :** Quel énorme match il fait ce jour-là !

**Niko :** Mais c'est vrai qu'on ne joue pas notre meilleur handball sur cette compétition. Dans notre histoire olympique, je pense qu'il s'agit des Jeux où on a été les moins bons. On s'en sort mentalement, avec la force du collectif, à ne rien lâcher, en allant puiser des ressources au plus profond de nous.

**Luka :** Quand je vois les joueurs arriver au Club France pour célébrer la victoire après la finale face à la Suède (22-21), je prends vraiment conscience de ce qu'un titre olympique représente. Leur joie et leurs émotions, c'était à part… C'est un moment très inspirant pour moi.

**Niko :** Ce titre est d'autant plus spécial que j'ai la chance de le partager avec Cédric Sorhaindo, « Tchouf » comme on l'appelle depuis toujours. Je le connais depuis un stage avec l'équipe de France des moins de 16 ans. Le courant est tout de suite bien passé. On s'est affrontés plusieurs fois, en championnat, avant qu'il ne débarque en équipe de France en 2008. J'ai essayé de le guider et de faciliter son intégration. On est devenus des frères sur le terrain et en dehors. Il est naturellement devenu capitaine des Bleus. C'était le grand frère de l'équipe. Une vraie force de la nature, capable de défendre et d'attaquer, avec qui on a dominé le hand mondial quelques années. Mais c'est avant tout un mec très humain, généreux, altruiste, qui fait toujours passer l'équipe en premier. Un très grand monsieur.

Premier titre olympique pour Niko à Pékin en 2008.

FRANCE
adidas

# 2016, PREMIÈRE ENTRE FRÈRES À RIO

**Niko :** Quand je réalise que je vais faire les Jeux avec mon frère, c'est fou ! Je dispute ma quatrième olympiade mais c'est presque comme une première fois pour moi. Je suis déjà émerveillé d'être là mais de voir Luka ébahi, heureux et fier, de vivre aussi ce moment à travers ses yeux, c'est magique. Il y a beaucoup de nouveaux dans cette équipe, avec tout un changement de génération. Comme Luka, Ludo (*Fabregas*), Mathieu (*Grébille*), Vincent (*Gérard*) ou Olivier (*Nyokas*) n'ont jamais fait de JO avant Rio. C'est aussi une première pour Kentin (*Mahé*), qui est plus qu'un coéquipier. J'ai toujours eu la sensation d'être un grand frère pour lui. Donc pour moi, vivre ça avec eux, ce sont aussi des sensations toutes nouvelles.

**Luka :** On découvre la sélection peu de temps avant de partir au Brésil. C'est toujours un moment particulier : certains restent sur le carreau, d'autres sont dans la liste pour la première fois, ce sont des émotions mélangées. Le lendemain, dans le bus, on est tous un peu intimidés, stressés. Et je me souviens de Niko qui entre avec sa petite enceinte sous le bras. Il met la chanson « Si tu vas à Rio » de Dario Moreno. Il chante, il danse… Il a déjà fait trois JO, il est double champion olympique, donc je pense qu'il se rend mieux compte de la chance qu'on a et du privilège que ça représente. Cette image de Niko m'a marqué.

**Niko :** Tout le monde est tendu, même les coachs. Alors que c'est le moment où, normalement, il ne peut rien t'arriver : tu as fait la prépa, tu vas

## C'était magique de voir Luka ébahi, heureux et fier.

prendre l'avion, tu es sûr d'aller aux Jeux. C'est comme le moment où tu poses le pied au village olympique, c'est une sensation unique. Donc moi, je suis hyper heureux. Je me dis : allez, je vais mettre un peu de musique, ça va les détendre, ils vont comprendre que c'est un truc de fou, ils ont intérêt à réaliser la chance qu'ils ont, à savourer aussi. Parce que l'erreur à ne pas faire, c'est d'être beaucoup trop sérieux.

**Luka :** Quand ce sont tes premiers Jeux, tu ne le sais pas, ça…

**Niko :** Oui… Mais il faut savoir faire les deux, être concentré mais aussi profiter du moment.

**Luka :** Je réussis à savourer une fois arrivé à Rio, au moment de la cérémonie d'ouverture. *La Marseillaise*, juste avant de rentrer dans le stade olympique, c'est fou. On m'a tellement parlé de cette cérémonie que je l'attends avec impatience. Tout le processus est incroyable à vivre. La préparation dans l'immeuble France, où tu croises tous les athlètes de toutes les disciplines portant la même tenue, le long trajet en bus, l'attente… Tu fais la queue, tu es dans

Luka avec Adrien Dipanda,
France-Allemagne, JO 2016.

un espèce de serpentin où tu rencontres les autres nations… On croise la Team USA de basket. On les voit de loin, on se dit : on va faire des photos ! Et quand ils sont enfin tout proches de nous, il n'y en a pas un qui ose ! Juste avant de rentrer dans le stade, la pénombre se fait dans le tunnel. Et les athlètes commencent à chanter *La Marseillaise*, reprise par tout le monde. Là, je me dis : ah ouais… Tu vis un truc ultra fort, vraiment à part. Et derrière, on rentre dans le Maracana, c'est incroyable.

**Niko :** C'est un vrai moment de fête, un spectacle de fou, regardé par des milliards de personnes dans le monde. Tu sens vraiment que tu fais partie de quelque chose de grand, quelque chose d'unique.

**Luka :** En plus, c'est Rio, il y a aussi ce folklore… Une fois que tu es au milieu du stade, tu es comme un gamin dans un magasin de bonbons. Oh regarde, il y a lui, et elle ! Tu prends ton courage à deux mains, tu essaies d'aller faire quelques photos avec des sportifs que tu admires. Pour moi, c'est aussi formidable de voir des athlètes du monde entier demander ces photos à Niko. Ça m'a rendu fier ! Après, tu les revois tous au village olympique, au réfectoire. Tu croises les plus grands sportifs du monde qui vont boire leur café, prendre leurs céréales… C'est un peu lunaire, on se demande où on est. Je me souviens d'une construction tout juste sortie de terre, de grands immeubles. Les chambres sont assez sommaires, avec deux étagères et deux lits, mais à ce moment-là, tu t'en fous.

Nos appartements sont au dernier étage, avec un accès terrasse. Il y a même des jacuzzis… mais ils ne fonctionnent pas ! Le village a été terminé un peu à l'arrache.

**Niko :** Ce sont de beaux JO pour l'équipe de France, sur le terrain. Didier (*Dinart*) est devenu entraîneur adjoint. On a toujours été très proches, il m'a pris sous son aile quand j'ai débarqué chez les Bleus à 18 ans. Ce lien a duré toute notre carrière. Et c'est passionnant pour moi de bosser avec lui au cours de ces Jeux, notamment. Même si on perd contre la Croatie en poule, j'ai la sensation que ce sont, avec 2008, les JO où on est le mieux en place. On est hyper dominateurs. On bat le pays hôte, le Brésil, en quart, puis l'Allemagne en demi même s'ils reviennent sur la fin… Ce match, c'est un peu la panique. On est hyper faciles en première période, avant de se faire remonter en deuxième. On commence à perdre confiance. À quelques secondes de la fin, on est à égalité. On a une dernière attaque pour gagner. On prend un temps mort. Didier annonce une combinaison pour faire tirer Daniel (*Narcisse*), plein centre, mais je ne la sens pas et je décide de la changer. Les joueurs ont toujours été acteurs des temps morts en équipe de France. Là, je veux que Daniel tire, mais en position d'arrière droit, car je sais que les Allemands sont bons en contre. Le tir est difficile à prendre, ça fait cinq ans qu'on n'a pas tenté cette combinaison, mais je sais que la pression vole au-dessus de Daniel. Il prend le shoot, il marque, on va en finale des Jeux !

**Luka :** On a un énorme rush d'adrénaline dans cette demi-finale. Ça fait beaucoup, beaucoup d'émotions à gérer. Tu sais que tu es en finale, mais il reste une marche. Et il ne nous manque pas grand-chose, on perd 28-26, ça se joue à rien…

**Niko :** Contre le Danemark, j'ai l'impression d'avoir perdu contre le jeu à sept. La nouvelle règle vient d'être mise en place et ils l'utilisent mieux que nous. On n'est pas forcément préparés à ça. On en sort avec pas mal de frustration, parce qu'on était les grands favoris de ces Jeux et qu'on assumait ce statut.

**Luka :** J'aurais aimé finir autrement ces JO, surtout que je les ai vécus au côté de Panda (*Adrien Dipanda*), mon meilleur pote. On revient de loin tous les deux. Je le rencontre à l'âge de 9 ans, sur un terrain de tennis. Je le vois débarquer, il fait une tête de plus que moi, il est costaud, gaucher et je me dis : il va me tartiner ! Finalement, je gagne 5-0, 5-0 en trente minutes, c'est une boucherie. Dix ans plus tard, je fais encore du tennis et je vais voir un match d'Igor Anic, notre ami d'enfance, qui joue à Bougnol avec Montpellier. Là, je reconnais ce mec sur le terrain, c'est Dipanda qui vient de signer au centre de formation. Je me dis : ce n'est pas possible ! Ça a été comme un signe de l'univers pour moi, son parcours a ouvert une petite porte dans ma tête. Et Panda m'a beaucoup aidé quand j'ai repris le hand à Montpellier. Donc à Rio, c'est une petite déception de ne pas gagner ces Jeux ensemble. En même temps, pour nous, c'est une première médaille olympique, ce n'est pas rien.

**Niko :** Oui, sur le coup, on est déçus pour tous ceux qui n'ont jamais gagné de médaille d'or. Je me souviens du coach Onesta, très abattu, qui rejette presque la médaille. Et dans l'équipe, tout le monde est un peu maussade, la gueule par terre. Moi, je revois Christophe Lemaitre heureux comme un champion du monde avec sa médaille de bronze (*sur 200 m*). Et je dis à toute l'équipe : « Bien sûr, c'est dur de perdre une finale mais c'est une très belle médaille, on a fait un super truc, soyons fiers. » Je pousse un petit coup de gueule parce que je ne veux pas qu'on parle d'échec. Et je pense que cette déception a été un moteur pour la médaille d'or qu'on gagne en 2017 au Championnat du monde en France et pour celle des JO de Tokyo, cinq ans après.

**Avec 2008, ce sont les JO où on est le mieux en place. On est hyper dominateurs.**

Luka, Nikola et Adrien Dipanda, France-Brésil, JO 2016.

adidas
22
14

27
13
adidas
Brasil

# 2021, TOKYO, LA CONSÉCRATION

**Luka :** D'une certaine façon, le Covid a été bénéfique à l'équipe de France. Sans lui, on aurait dû disputer un Tournoi de qualification olympique (TQO) deux mois et demi après notre échec cuisant à l'Euro 2020, où on se fait sortir dès le premier tour. L'épidémie a reporté les Jeux, donc le TQO, d'un an, ce qui nous a permis d'avoir un petit sas afin de démarrer une nouvelle dynamique. Un an après, l'état d'esprit était de retour. Un vrai mix s'est créé entre une nouvelle génération et des cadres expérimentés. Même s'il en manque un...

**Niko :** En octobre 2020, je suis victime d'une rupture des ligaments croisés, lors d'un match de championnat avec le PSG. Dans la foulée, je fais une thrombose avec embolie pulmonaire. Je me retrouve dix jours dans un lit d'hôpital, sans avoir le droit de bouger. Me lever aurait pu faire péter le caillot de sang, donc faire craindre le pire. Une fois guéri, je me lance dans une course contre la montre avec le staff médical du PSG.

**Luka :** Ça a été dur de voir Niko dans cet état. La thrombose m'a fait peur, bien sûr. Elle m'a fait relativiser, aussi. J'ai le souvenir de le voir revenir chez lui, en béquilles. Pour moi, c'était irréel. Dans ma tête, il était indestructible.

**Niko :** Le TQO a lieu en mars. Je suis encore bien trop court. Je le regarde depuis la maison, et je sais à quel point ce genre de tournoi peut être difficile. J'en ai disputé un à Bercy, en 2008. C'était hyper chaud, avec l'Espagne, la Norvège et la Tunisie. Mais on s'en était sortis.

**Luka :** Là, c'est d'autant plus spécial qu'on joue à huis clos, à Montpellier. Je pense que ce tournoi marque le début de notre aventure olympique. On s'est réunis encore plus tôt que d'habitude.

En mode mission. On débute contre la Croatie. Le match couperet par excellence. Il y a beaucoup de stress, mais heureusement, on s'en sort. Niko n'est pas là, notre connexion naturelle manque sur le terrain. Après la qualification, je l'appelle pour lui partager mon soulagement et mon espoir de jouer avec lui à Tokyo. Il me refroidit directement en me disant qu'il a encore de la route à faire. Il ne veut pas se projeter.

**Niko :** Et je veux mériter ma place. Être retenu car j'ai le niveau, pas pour services rendus à la patrie. Finalement, on passe toutes les étapes avec le staff médical afin que je sois disponible pour les JO. Pendant la préparation, je me sens super bien.

**Luka :** Je pense que le parcours de Niko apporte un supplément d'âme à l'équipe.

## Il y a eu tant d'obstacles... Je n'ai jamais vécu un truc aussi fort.

**Niko :** Ce sont mes cinquièmes JO, je les ai vécus d'une toute autre manière. Savoir que j'étais passé à un rien de ne pas les faire, de terminer ma carrière, et même pire, me fait totalement changer d'état d'esprit. J'ai vécu ces Jeux avec une profonde joie, sans aucune pression.

**Luka :** De mon côté, ce sont mes deuxièmes Jeux, j'ai bien plus d'expérience. J'appréhende mieux les choses. J'ai l'impression de profiter davantage des à-côtés, de l'instant présent, de l'aventure humaine. Bon, pas tout de suite, car c'est très dur en termes de décalage horaire. Il nous faut dix jours pour nous mettre dans le rythme. J'ai peur de me blesser lors des séances matinales, après plusieurs heures sans dormir. Mais on réussit à passer au-dessus de tout ça. Ces JO n'ont jamais été faciles. Un vrai parcours du combattant.

**Niko :** On retrouve les Danois en finale, comme à Rio en 2016. On n'est pas forcément animés d'un sentiment de revanche. Mais la pression est là. Je trouve notre parcours fou, et je n'ai pas du tout envie qu'on échoue une nouvelle fois en finale contre eux.

**Luka :** Ils sont clairement favoris, champions olympiques et doubles champions du monde en titre. Nous, on sort d'un Euro catastrophique, avec changement de coach, puis d'une 4e place au Mondial 2021 et d'un TQO pour rejoindre les Jeux... Sur le plan personnel, la veille de la finale, ma femme Jeny, enceinte de trois mois, m'annonce qu'elle a fait une fausse couche... Ça avait été très, très dur.

**Niko :** À la pause, on mène déjà de quatre buts. On ne s'attendait pas à un tel scénario. Mais les Danois reviennent en seconde période. La finale se joue sur une dernière action défensive, symbole de ce match où les attaquants sont souvent mis en échec. Loulou fait un match de fou. Le Danemark tente le tout pour le tout et attaque à sept contre six, avec son but vide. La balle revient sur Gidsel, en face de moi. Je le retiens. Ludo (*Fabregas*) vient fermer. Gidsel essaie de faire la passe au pivot. Mais Loulou intercepte ! C'est une action symbolique. Entre frères, en défense. La balle revient sur Ludo, qui marque le but de la victoire dans la cage vide. Là, on se tombe dans les bras avec Loulou. C'est tellement fort. Je garderai ces images à vie. À chaque fois que je les revois, j'ai la chair de poule.

**Luka :** Cette année de fous défile dans ma tête. La blessure de Niko, sa thrombose, le TQO, le Covid, Jeny… On a passé tellement de moments difficiles. En plus, le dernier titre de l'équipe de France remontait à 2017. Je n'étais pas sûr qu'on y arriverait de nouveau… Il y a tant d'éléments qui auraient pu nous faire dérailler, mais à la fin, on gagne. Ça a décuplé les émotions. Je n'ai jamais vécu un truc aussi fort.

**Niko :** C'est aussi la première médaille d'or olympique qu'on partage avec les enfants. Nos deux familles, avec Maman, ont regardé le match ensemble à Montpellier. Dans le vestiaire, on les appelle en FaceTime : les adultes pleurent et les enfants sautent partout. À notre retour, l'émotion n'est pas retombée : je me souviens de ma fille Nora qui m'a attrapé la médaille avec ses bras, et de son air émerveillé.

**À chaque fois que je revois ces images, j'ai la chair de poule.**

Avec Ludovic Fabregas, France-Danemark, JO 2021.

TOKYO 2020
L. KARABATIC
21
FRANCE

# 2024, DE LA FERVEUR ET DES LARMES

**Luka :** Ces JO ont démarré sous la pluie, lors de la cérémonie d'ouverture. Lorsqu'on a vu la météo, on s'est dit que ça allait décourager le public de venir. Au contraire ! On a ressenti la ferveur. C'était fou de voir les gens en K-Way, amassés dans les gradins, sur leurs balcons ou même sur les toits des immeubles haussmanniens ! Avec tous ces drapeaux, j'avais l'impression de voir défiler une peinture sous mes yeux.

**Niko :** Malgré le déluge, cette cérémonie a été un grand moment. On n'a pas vu tous les tableaux, mais c'est le cas lors de chaque cérémonie. Il y avait une belle ambiance sur le bateau. Nos chants résonnaient sous les ponts de Paris. C'était un beau moment d'échange pour l'unité de la team France.

**Luka :** Pour nous, handballeurs, ce moment s'est arrêté à l'arrivée du bateau, où on a directement pris le bus pour revenir au village. On a regardé la fin incroyable de la cérémonie sur nos téléphones. On a choisi un circuit court car on avait match le lendemain, et notre entrée en matière a été difficile...

**Niko :** La préparation n'a pas été optimale, avec pas mal de blessés. Je crois aussi que notre titre de champions d'Europe a joué en notre défaveur. Peut-être qu'on a pensé, inconsciemment, qu'on poursuivrait naturellement sur cette lancée et que ça allait dérouler, comme d'habitude, quoi qu'il arrive. On a tendance à oublier qu'on fait un excellent début de match contre le Danemark, futur champion olympique. Au bout d'un quart d'heure, à court de solutions, ils changent leur défense en 3-3, un système qui nous a posé beaucoup de problèmes. À partir de là, c'est devenu compliqué. On s'est pris toute la pression de jouer à domicile, devant nos familles, nos amis, notre public. Le deuxième match face à la Norvège a été très dur. On perdait des balles comme des benjamins... On a connu une chute de confiance individuelle et collective assez énorme. Après ces deux défaites, on a fait une réunion, à l'initiative de certains joueurs. On a mis nos problèmes sur la table. Je me souviens avoir dit que dans un tel moment, si on arrive à rester soudés, on peut devenir le genre d'équipe que j'aurais peur d'affronter. Juste avant, on était au plus bas de ce que l'équipe de France a pu proposer aux JO. On est ressortis pleins d'espoir. Je garderai cette réunion comme un acte d'équipe.

**Luka :** Cette réunion a été décisive. On a évacué toute la pression, en se parlant honnêtement et en dédramatisant la situation. On est sortis beaucoup plus légers et souriants. Quelque chose s'est libéré, un poids dont on s'est délestés. À ce moment-là, ça a été vraiment cool aussi pour nous de voir l'équipe de France féminine survoler la phase de poules. On a créé un vrai lien avec les filles aux JO de Rio et Tokyo, où on a eu les mêmes parcours. De les voir assumer leur statut comme ça à Paris, ça nous a remis un petit coup derrière les fesses. Et on a eu aussi cette sensation de partager la pression de l'événement avec elles. C'était rassurant de sentir cette unité, cette émulation...

En haut : France-Danemark, JO 2024.
En bas : Au Village olympique, juste après la réunion d'équipe.

MEM
10
FRANCE

2024
FRANCE

**Niko :** Derrière, on a su rebondir, même dans la difficulté, face à l'Égypte, l'Argentine et la Hongrie. On a retrouvé du plaisir, ensemble. Et on aurait aussi dû battre l'Allemagne, mais il y a eu un bug dans la matrice. On n'a pas eu de chance. Dans 99,99 % des cas, on gagne ce match. On mène de deux buts à quinze secondes de la fin... Je n'ai jamais vu ça dans ma carrière. La défaite est d'autant plus cruelle que le résultat n'est pas venu récompenser ce qu'on a su recréer en tant qu'équipe.

**Luka :** Les jours qui ont suivi étaient difficiles, surtout que les autres équipes des sports collectifs ont assuré. Allumer la télé provoquait chaque fois un pincement au cœur. J'ai essayé de prendre un peu de recul, grâce au soutien de mes proches. Une semaine après, j'avais encore du mal à y croire. J'aurais préféré perdre de huit buts, ça aurait été plus simple à digérer. Ce match était pour nous. On montait en puissance. Ce quart est le premier match où l'on prend la mesure de l'engouement du public et où l'on parvient à s'en servir contre l'adversaire.

**Niko :** Les supporters du stade Pierre-Mauroy ont été incroyables. J'ai rarement vécu une telle ambiance en France. On était même encore un cran au-dessus du soutien formidable qu'on avait eu dans la même salle pendant le Mondial 2017.

**Luka :** Il y a plusieurs moments où on n'est pas loin de les faire céder. Ils ont plié, mais n'ont jamais rompu. Ils sont restés en vie, puis sont revenus dans le match, à l'arrache, notamment avec le jeu à sept... Jusqu'à cette égalisation au buzzer.

**Niko :** Ce sont peut-être les fantômes des premiers matchs qui sont revenus, avec des pertes de balle évitables. Sur le banc, on était quasiment à fêter la qualification pour la demi et on prend ça... Terrible. C'est le sport.

**Luka :** Quand tu te fais égaliser de la sorte, c'est très difficile de réagir en prolongation. Tu prends une énorme masse sur la tête. Ce qui est frustrant dans un tel match, c'est qu'on revoit toutes les actions où on aurait pu faire basculer la rencontre. Elles défilent dans la tête, comme un mauvais rêve qui revient.

**Niko :** Sur le moment, il y a eu une sorte d'incrédulité, de sidération. Ça ne paraissait pas réel.

**Luka :** On a reçu tellement de soutien en plus, on avait vraiment envie d'offrir cette victoire au public, aux Français. C'est à eux qu'on a pensé tout de suite après le match, pas à nous.

**Niko :** On a aussi pensé à Dika (*Mem*), bien sûr. Il était très triste après son erreur. Je lui ai simplement dit qu'il n'avait pas à être désolé. Qu'on n'aurait pas été dans cette position de gagner sans lui, sans ses dix buts. Je lui ai rappelé qu'on l'aimait, qu'on était tous derrière lui.

**Luka :** Les mots peuvent manquer dans ces moments-là alors je l'ai juste pris dans mes bras. « Si la situation se représente dix fois, on te redonnera la balle dix fois. On est ensemble, on a confiance en toi. » C'est ce qu'on a tous eu envie de lui dire après cette défaite. Des erreurs qui nous font perdre le match, il y en a eu des tas. Celle-là était juste plus visible...

**Niko :** À la fin du match, j'ai vu les deux équipes se mettre face à face pour un dernier hommage, pour marquer la fin de ma carrière. C'est paradoxal parce qu'on venait de perdre de la plus cruelle des manières, c'était un moment très triste et en même temps, c'était beau de recevoir cette ovation de la part de 28 000 personnes. Je suis content de l'avoir vécu avec Valentin (*Porte*) et Vincent (*Gérard*), avec qui on a partagé tant d'aventures et qui sont deux très, très bons amis à moi.

**Luka :** C'est après, dans le vestiaire, qu'il y a eu le plus d'émotions, finalement. Sur le coup, j'étais tellement abasourdi que je me suis un peu fermé. Mais quand on s'est retrouvés juste entre nous, on a vraiment pris conscience de tout ça. Niko a parlé et c'était très fort. Moi, je pleurais à chaudes larmes donc je n'ai pas trop levé la tête mais je pense que tout le monde était en pleurs.

**Niko :** Je ne sais pas ce que j'ai raconté exactement mais j'ai laissé parler l'émotion. J'étais en larmes moi aussi, bien sûr. Je n'ai pas parlé du match. Je voulais vraiment les remercier pour cette incroyable aventure, pour tout ce qu'on a vécu. Et revenir sur mes 22 ans en équipe de France. Je leur ai dit qu'ils étaient ma deuxième famille, que je les aimais tous. Qu'ils m'avaient fait me sentir jeune, malgré mes 40 ans. Et que ça avait été un honneur de porter ce maillot.

N.KARAB
22
RANCE
FRA

EHF EURO 2014
EUROPEAN CHAMPION
MEN
EHF
Men's European
Handball Championship
12 to 26 January 2014
in Denmark
adidas
FDJ

# NOS MATCHS LES PLUS FOUS

**La tâche a été ardue. Des milliers de matchs qu'ils ont disputés, Nikola et Luka Karabatic en ressortent cinq (hors Jeux olympiques). Ceux qu'ils considèrent comme les plus marquants, en termes de scénario, de domination, mais aussi de déception...**

# 31-19

# MONTPELLIER – PORTLAND SAN ANTONIO

## FINALE DE LA LIGUE DES CHAMPIONS 2003

**Jusqu'en 2009, la finale de Ligue des champions se dispute en deux matchs, aller et retour. Le 26 avril 2003, à l'issue de la première manche, Montpellier rentre de Pampelune avec une valise (27-19). Le 4 mai, huit jours plus tard, dans un Bougnol effervescent, les coéquipiers de Nikola Karabatic, 19 ans, réalisent une remontée extraordinaire (31-19). Luka y assiste depuis les tribunes.**

**Luka :** À l'aller, Niko fait un match énorme (11 buts), mais Montpellier prend l'eau. On regarde la rencontre avec Papa. À la fin, on se dit que ça va être très compliqué…

**Niko :** Surtout qu'en face, il y a une sacrée armada, avec Jackson (*Richardson*), Garralda, Iakimovitch… Avant le match retour, le coach nous dit qu'il y a trois scénarios. Un : on reprend une branlée et on passe pour des imbéciles comme à l'aller. Deux : on sauve l'honneur et on sort la tête haute. Trois : on renverse le match, si les planètes s'alignent. On avait peut-être 2 % de chances d'y arriver, mais c'était possible.

**Luka :** Dès l'échauffement, on sent qu'il y a quelque chose qui flotte dans l'air.

**Niko :** On passe devant la coupe. On la regarde tous. Nous sommes ultra-déterminés, ultra-concentrés. Il y a un côté gladiateurs : on entre dans l'arène, soit on meurt, soit on devient des héros.

**Luka :** Les mecs utilisent l'énergie de Bougnol pour démarrer le match comme des fous.

**Niko :** Dès le début, on met le curseur très haut sur le plan physique. On a une défense en 5-1, très agressive. On leur saute à la gorge. Avec le public qui nous pousse, ça met aussi une pression sur les arbitres. Ça devient très vite un cauchemar pour les adversaires. Au bout de dix minutes, on sent que c'est possible. Toutes les planètes s'alignent : j'ai le souvenir d'un but, en contre-attaque, où je fonce tout droit face à trois joueurs et la balle rentre avec l'aide du poteau. Je sens qu'il y a une force en plus sur le terrain avec nous. C'est grisant.

### Des gladiateurs dans l'arène.

Avec Didier Dinart, le bisou de la victoire.

**Luka :** C'est aussi un match de tranchées. Très violent. Ça envoie dans tous les sens. C'était un autre handball, où les arbitres laissaient davantage jouer.

**Niko :** En seconde période, on sent qu'ils commencent à péter les plombs. Je prends des coups de poing, au visage, au foie. Ils essayent de nous faire disjoncter, mais on reste focus, on déroule et on réalise l'exploit. Champions d'Europe !

**Luka :** Je célèbre sur le terrain avec les joueurs, mais je n'ai même pas pu voir Niko après le match. Je dois rentrer à l'internat à Boulouris le soir. En attendant le train à la gare, je me dis que je viens de vivre un truc incroyable.

**Niko :** Quand je soulève le trophée, c'est du pur bonheur, partagé avec le public, l'équipe, les amis, la famille. J'ai 19 ans. Je viens de toucher du doigt un de mes premiers rêves. Ça va même plus vite que dans mes rêves. Je me dis que j'ai un ange gardien au-dessus de moi. J'ai réalisé deux grandes finales. Ce match finit de me révéler. Ce titre me propulse. C'est un moment assez rare dans le hand, surtout qu'avec le Final Four, on ne joue plus ces grands matchs chez nous. Je suis hyper heureux d'avoir vécu la Ligue des champions sous ce format.

**Luka :** Les Final Four sont des événements incroyables, mais j'aurais aimé vivre une finale à la maison. Avec l'énergie du public, on peut déplacer des montagnes. La remontada de 2003 a permis d'autres exploits à Montpellier. Même si l'issue a été défavorable, j'ai la chance d'avoir ressenti une énergie comparable en quart de finale de Ligue des champions contre Tchekhov en 2010.

**Niko :** C'est l'une des premières remontadas dans l'histoire du hand. Après, il y en a eu plusieurs. C'est comme un déclic dans l'histoire de notre sport.

# 41-32 FRANCE-DANEMARK

## FINALE DE L'EURO 2014

**Un sentiment de toute-puissance totalement inattendu. Malgré un renouvellement profond de son effectif et de son staff, l'équipe de France écrase cet Euro danois. La finale face au pays hôte, le 26 janvier 2014, bascule dans l'irréel (41-32).**

**Niko :** C'est une finale de rêve où on bat les Danois chez eux, en leur mettant une trempe. Avant cela, on bat de grandes équipes : la Russie, la Pologne, la Croatie, la Suède, l'Espagne en demi. C'est l'une de mes meilleures compétitions. Je suis élu MVP, mais je retiens surtout la force collective et la confiance de ce groupe. On domine tactiquement tous nos adversaires. On se sent au-dessus. J'ai connu ça aux JO 2008 et aux Championnats du monde en 2011. Mais en 2014, je ne m'attends pas à ce qu'on évolue à ce niveau avec tous les changements qu'il y a dans l'équipe.

**Luka :** C'est comme dans un rêve. En plus, c'est ma première compétition internationale. On a envie de penser que derrière, ça va être tout le temps comme ça mais malheureusement, ce n'est pas le cas !

**Niko :** En 2014, je suis vraiment surpris par le niveau de Loulou. Il prend la succession de Didier (*Dinart*) et assume tout de suite ce poste de défenseur, qu'on partage. C'est un plaisir immense. C'est notre premier titre ensemble avec les Bleus. Maman est dans les tribunes. C'est magique, après une finale irréelle. On est à Herning, devant 14 000 Danois. Le match commence et c'est comme s'il n'y a pas besoin de forcer. C'est fluide, léger, évident. Comme sur un nuage. Je pense qu'on ne peut même pas imaginer un tel scénario.

**Luka :** Je me souviens qu'en première période, je regarde le tableau d'affichage et je vois +10. Face au Danemark. Au Danemark. La salle est éteinte, c'est une sensation très particulière. Je n'ai pas le souvenir d'avoir ressenti une telle force se dégager d'une équipe durant la suite de ma carrière.

**Fluide, léger, évident, comme sur un nuage.**

EURO 2014
MEN
adidas
13

HANSEN
24

# 23-24

# PSG – VARDAR SKOPJE

## FINALE DE LA LIGUE DES CHAMPIONS 2017

**Pour la deuxième année consécutive, le PSG a sa place dans le cénacle du Final Four de la Ligue des champions. Le 3 juin 2017, les hommes de Noka Serdarusic écartent le grand Veszprém en demi-finale (27-26). Le lendemain, ils ont rendez-vous avec l'histoire face au Vardar Skopje. Ils échouent d'un rien, en finale (24-23). Les regrets seront éternels.**

**Niko :** Ce qui reste de cette finale, c'est qu'à une seconde près, on réalise la saison parfaite. Cette défaite est horrible, d'autant que le Vardar a disparu aujourd'hui...

**Luka :** Quand tu regardes leur équipe, il y avait quand même de sacrés joueurs : Alex Dujshebaev, Timur Dibirov, Luka Cindric ou encore Arpad Sterbik.

**Niko :** Oui, mais on était favoris. Cela faisait deux saisons qu'on carburait avec Noka. Il restera toujours l'impression que c'est cette année-là que le PSG aurait dû gagner la Ligue des champions.

**Luka :** Ça se joue à rien. On court longtemps après le score, mais on parvient à repasser devant. On sent qu'on va faire basculer le truc. En deuxième période, on a une petite fenêtre pour les mettre sous l'eau, mais on n'y arrive pas.

**Niko :** On domine, l'arbitrage les remet dans le match, puis Sterbik (*le gardien du Vardar*) est chaud et, à la fin, ce sont eux qui reprennent l'ascendant.

**Luka :** Daniel Narcisse égalise à dix secondes de la fin, puis le Vardar a sept secondes pour sa dernière possession. Ils marquent le but de la victoire, sur l'aile droite. Je me souviens de ce momentum...

**Niko :** Luka avait pris deux minutes, on est donc un de moins. Ils ont cette dernière action... Titi touche le tir d'Ivan Cupic avec la jambe, mais ça ne suffit pas. J'ai ressenti de l'injustice, notamment par rapport à certaines décisions arbitrales, mais dans le sport, le mérite ne suffit pas. C'est comme ça et c'est tout. On était seuls contre tous. Tout Cologne souhaitait notre défaite. Personne ne voulait voir gagner le PSG.

**Cette aigreur dans l'estomac restera à vie.**

Alex Dujshebaev et le Vardar, vainqueurs sur le fil de la Ligue des champions 2017.

**Luka :** C'est vrai. Ce club suscite beaucoup de jalousies, et cela a parfois une influence sur ce qu'il se passe sur le terrain. Il aurait fallu être meilleurs que meilleurs pour gagner.

**Niko :** Quand on a signé, j'ai dit à Jean-Claude Blanc, le directeur général du PSG : « Je ne sais pas si on gagnera la Ligue des champions, mais on sera au Final Four. » Après, là-bas, tout peut arriver. La preuve. Cette défaite procurera toujours un pincement au cœur. On est passés à rien d'un truc de fou. Un sentiment d'injustice, d'inachevé restera, pour toujours... Putain de sport !

**Luka :** C'est le match qui fait le plus mal dans notre histoire au PSG. J'essaie toujours de voir le verre à moitié plein, d'être reconnaissant envers ce que j'ai pu accomplir, de me retourner sur les succès plutôt que les échecs. Les défaites font partie de la construction d'un club. Mais cela ne signifie pas, pour autant, que celle-ci est oubliée... C'est une blessure.

**Niko :** Les souvenirs de défaites sont plus tenaces, c'est bizarre. Les sportifs de haut niveau sont habitués à regarder le négatif, à s'autoflageller. Cela leur sert parfois de carburant pour retrouver la victoire. Perdre à la dernière seconde en finale, c'est ce qu'il y a de plus dur. Le Graal est devant toi, et tu le rates d'un rien. C'est un mélange de déception, de tristesse, de rage. Un goût très amer, âcre, âpre. On switche, mais dès qu'on y repense, ces sensations remontent. Cette aigreur dans l'estomac restera à vie.

# 26–25

# FRANCE – ALLEMAGNE

## MATCH POUR LA 3e PLACE DU CHAMPIONNAT DU MONDE 2019

**Cette médaille de bronze, décrochée à Herning le 27 janvier 2019, est célébrée comme un titre. Le scénario pour l'obtenir est dingue. Nikola marque le but décisif sur un ballon récupéré par Luka. Deux mois plus tôt, l'aîné n'était pas sûr de pouvoir rejouer au handball.**

**Luka :** Cette compétition est très particulière car Niko se fait opérer d'un hallux valgus (*déformation du pied*) deux mois avant. Quand il m'en parle, ça me fait peur. Je ne suis même pas sûr qu'il rejouera, donc autant vous dire que, pour moi, le Mondial, c'est mort.

**Niko :** Depuis deux ans, je ressens des douleurs à chaque entraînement, à chaque match. J'ai tout tenté pour les soulager. Il faut opérer. De nombreux spécialistes disent qu'il y a un risque de ne pas pouvoir rejouer. J'ai peur car je ne vois pas d'issue. Puis, je rencontre le professeur Bauer, chirurgien spécialiste du pied à Boulogne-Billancourt. Il me rassure et m'indique que ce genre d'opérations est alors très rare dans le sport. Il n'y a tout simplement pas de référence. En termes de récupération, on me parle de quatre à six mois, mais en réalité, on ne sait pas vraiment. Finalement, je reviens bien plus tôt

Luka, Finn Lemke et Hendrik Pekeler.

que prévu, notamment grâce à Kiki (*Christophe Dubois, kiné du PSG*). Fin 2018, j'appelle Didier (*Dinart, sélectionneur de l'époque*). Je lui dis de me compter dans sa liste, en tant que joker. Le PSG a été classe car il aurait pu me bloquer afin de ne pas prendre de risques.

**Luka :** Finalement, Niko nous rejoint à la moitié de la compétition ! On joue bien, mais on prend une claque en demi contre le Danemark (38-30), car on est épuisés. On affronte l'Allemagne pour la 3-4. Le match est hyper serré. À vingt secondes de la fin, on a un ballon pour passer devant. Luc (*Abalo*) bute sur le gardien. Derrière, les Allemands contrent à toute vitesse. Je suis au sol, je me relève et je sprinte comme je n'ai jamais sprinté. Je traverse le terrain, j'arrive à rattraper l'action. Je me retrouve en défense à six mètres. J'anticipe une passe, je saute et je récupère la balle ! Luc la récupère à son tour. Il doit rester cinq secondes...

**Niko :** À nous de partir en contre ! Luc passe la balle à Micka (*Guigou*), qui me la donne. Je me dis qu'il reste très peu de temps, donc qu'il faut que je tire vite. Je fonce et déclenche une frappe à neuf mètres du plus fort que je peux.

**Luka :** Le tir passe au-dessus de la tête du gardien. Un buzzer-beater ! Il y a quelques secondes de flottement. On n'est pas sûrs que le ballon soit rentré dans les temps.

**Niko :** Je sais que le but était bon !

**Luka :** Très vite, il s'avère que le but est valide. Énorme explosion de joie. Que Niko marque le but de la victoire, après tout ce qu'il a traversé, c'est tellement symbolique.

**Niko :** C'est une sensation énorme. Cette médaille de bronze avait le goût de l'or.

# 34–30

# FRANCE – SUÈDE

## DEMI-FINALE DE L'EURO 2024

**26 janvier 2024, Cologne : l'équipe de France est au bord de l'élimination en demi-finale de l'Euro allemand. Il reste quinze secondes, la Suède a un but d'avance ainsi que la possession du ballon. Dans un monde normal, c'est gagné. Mais un double miracle s'opère…**

**Luka :** Je n'y croyais pas trop, je dois le dire. Déjà, il y a le contexte : on mène de six buts à la mi-temps, on a le match en mains. Après la pause, la machine s'enraye. Les Suédois remontent, puis passent devant. On perd le fil. Vers la fin, on arrive à s'accrocher, sans parvenir à égaliser. À quinze secondes de la fin, ils ont donc la balle et un but d'avance. On tente le tout pour le tout : une défense tout-terrain, où chacun marque un adversaire, quelle que soit sa position, pour le surprendre. Là, Gottfridsson part seul en dribbles, sauf qu'il effectue trop de pas et fait un marcher ! On récupère le ballon, mais il ne reste rien. On tente de vite remonter le terrain, les Suédois font faute à dix mètres. L'espoir retombe un peu. Il faudrait un miracle, un sacré tir… Avec Elo (*Prandi*), on joue ensemble depuis plusieurs années. Je connais son bras. Je sais qu'il a déjà mis des buts de cette distance dans sa carrière… Mais là, ça me paraît encore plus loin, dans un contexte plus tendu, face à un adversaire de très grande qualité. Je m'assois sur le banc et je n'y crois pas trop.

**Niko :** Je suis aussi sur le banc et moi, j'y crois à fond. Je dis à tous mes coéquipiers qu'Elo va marquer. J'en suis sûr à 100 %. J'ai confiance en son bras. S'il y en a bien un qui est capable de le faire, c'est lui.

**Luka :** Je le vois se coucher un peu sur la droite et balancer son missile. J'entends le bruit sec du poteau. Et je vois que la balle est dedans. Là… C'est un moment suspendu. Une marée bleue se lève du banc sur lui. Il n'y a, d'un coup, plus de fatigue.

**Niko :** Ce coup franc, c'est du jamais-vu. Stratosphérique. On court tous vers Elo, ivres de joie.

## Le plus grand miracle de ma carrière.

CLAIR
19
Boozt
LIDL
15

DESCAT
25
MILLET
TOURNAT
MEM
10
MILLET
FDJ

**Luka :** Mon effusion de joie ne dure qu'un instant. Très vite, j'ai le réflexe de calmer tout le monde. Je pense à la prolongation qui s'annonce, le match n'est pas fini. Je chope Elo et Dylan (*Nahi*), j'essaie de les calmer. C'est mon rôle de capitaine : je veux que leurs pieds restent sur terre.

**Niko :** Après ça, c'est sûr qu'on ne peut pas perdre. Je sens même qu'on va les atomiser. On revient de l'enfer, et c'est comme si une deuxième vie commençait.

**Luka :** On sent vite que le momentum change tout. Les Suédois ont pris un énorme coup sur la tête. Nous, on ressent un énorme coup de boost. Les mecs sont survoltés.

**Niko :** C'est souvent comme ça lorsqu'une équipe se fait égaliser à la dernière seconde. Je ne connais qu'une exception : la finale du Championnat du monde 2011 France-Danemark (37-35, ap), où on a été très forts mentalement.

**Luka :** Niveau scénario, tu ne peux pas faire plus renversant que cette demi-finale de l'Euro 2024. C'est le plus grand miracle que j'ai vécu dans ma carrière.

## Ce coup franc, c'est du jamais-vu. Stratosphérique.

WANNE
15
GOTTFRIDSSON
24
Sparbanken Skåne
CARLSBOGÅRD
2
Boozt.com

13
envia
Butagaz

# LES AMBIANCES LES PLUS MAR-QUANTES

**Il y a des atmosphères qui marquent à vie. De la magie de Bougnol pour le sacre européen de Montpellier en 2003 à l'accueil hostile de Zagreb en 2009, de la chaleur de Bercy au silence du stade national de Yoyogi aux JO de Tokyo, en pleine épidémie de Covid, Nikola et Luka Karabatic racontent ces ambiances inoubliables, qui peuvent changer le cours d'une rencontre.**

# LE PALAIS DES SPORTS RENÉ-BOUGNOL

**Niko :** Ah, Bougnol... C'est une salle assez vétuste, et particulière, puisqu'elle est composée de deux grandes tribunes en demi-lunes, et de deux autres, plus petites mais collées au terrain, derrière les cages. C'est un chaudron. La finale retour de la Ligue des champions qui s'y est déroulée, le 4 mai 2003 contre les Espagnols de Portland San Antonio, est le premier souvenir qui me revient quand on me parle d'ambiance.

**Niko :** En temps normal, Bougnol, c'est une capacité de 3 500 personnes. Mais ce soir-là, c'était bien plus. Il y avait des gens assis sur les marches.

**Luka :** C'est une salle de taille moyenne, mais avec une ambiance énorme. En 2003, j'étais là pour soutenir Montpellier et Niko. J'étais placé juste au bord du terrain. Je suis arrivé une heure et demie avant le match, pour kiffer le moment. Quand les joueurs sont venus s'échauffer, je n'avais jamais connu une telle atmosphère. Au-dessus des tribunes, il y avait des vitres qui, à l'époque, n'étaient pas teintées, donc la lumière du jour pouvait s'y refléter. Ce soir-là, il y avait de l'électricité dans l'air. C'était extraordinaire.

## La finale de la Ligue des champions 2003 : un moment hors du temps.

**Niko :** Dans ce genre de moment, le public aide à gagner un match. C'était l'époque où les finales de Ligue des champions se disputaient sur des matchs aller-retour. Et je suis heureux d'avoir connu ce format. En 2003, on avait pris une claque à l'aller, à Pampelune (27-19). Dans le couloir avant d'aller s'échauffer, on sentait que c'était bouillant. Dès l'échauffement, la salle était pleine, alors qu'en temps normal, c'est un moment assez calme. Arrivés sur le terrain, on a pris toute l'énergie du public, qui applaudissait, qui criait. Il y avait plein d'affiches, plein de drapeaux, la fanfare en furie. On était comme des morts de faim, sans peur ni pression, prêts à en découdre, à plonger dans ce match, la tête la première.

**Luka :** Très rapidement, on a senti qu'il allait se passer quelque chose. Et vous avez renversé Pampelune (31-19).

**Niko :** C'était un moment hors du temps. Il s'est passé un truc ce soir-là, que tous les gens dans la salle, joueurs comme spectateurs, ont ressenti. C'est l'histoire d'une ambiance de fou qui a permis un match de fou.

**Luka :** Bougnol est un temple du hand français. Malheureusement, on n'y évolue plus puisque Montpellier a l'Arena, désormais. Mais j'aimerais y rejouer un jour.

Niko avec Didier Dinart.

# BERCY, LE TEMPLE DE LA FRANCE DU HAND

**Niko :** Bercy est longtemps resté la plus grande salle de France, un lieu symbolique où les Bleus ont été sacrés champions du monde en 2001. Dans l'imaginaire des joueurs, il y avait Bercy puis les autres salles. Avec l'équipe de France, on y jouait avant chaque grosse compétition.

**Luka :** C'était le tournoi de Paris-Bercy, une compétition mythique ! Je suis souvent venu vous voir. Je me rappelle ces sièges rouges métalliques de l'époque, qui faisaient un peu mal aux fesses. Et quand j'y ai joué pour la première fois, ce fut un moment marquant. Tu m'avais même dit, ce jour-là : « Ça y est, tu as joué à Bercy ! » C'est le lieu de pèlerinage du hand français.

**Niko :** Bercy, c'était un révélateur. Il fallait être bon là-bas, c'est le lieu qui te l'impose. Si tu y es solide, ça veut dire que tu résistes à la pression. Puis, Bercy a changé de visage en 2017, quand la France a accueilli les championnats du monde. Là, on a vraiment senti le public. C'est devenu le lieu où toute la France du hand était derrière nous. Plus que la demi ou la finale, je me souviens surtout du match d'ouverture face au Brésil. Il y avait beaucoup d'attente, beaucoup d'excitation : en quinze ans de carrière chez les Bleus, c'était la première fois que je participais à une compétition à la maison !

**Luka :** C'est vrai que ce match face au Brésil était très chouette. Malheureusement, je me suis blessé à la cheville droite pendant les poules de ce Mondial, lors d'un match face au Japon. Je n'ai pas joué les phases finales mais j'étais là lors de la finale à Bercy, au bord du terrain. Je me souviens que j'étais venu te voir dans ta chambre d'hôtel avant la finale, pour te parler, te motiver.

**Niko :** J'avais vraiment la pression. Tu es à domicile, tu joues une finale pour la première fois de ta vie chez toi, devant ton public, ce n'est pas pareil.

**Luka :** En position de grand favori, en plus, car en face, c'était la Norvège, qui n'avait jamais disputé de finale. On était censés être meilleurs qu'eux. Et on l'a été (33-26).

**C'était la première fois que je participais à une compétition à la maison !**

En haut : Tournoi de Paris-Bercy 2011.
En bas : Championnat du monde 2017.

E HANDBALL 2017
FRANCE 2017
HANDBALL

# L'ARENA ZAGREB, DES INSULTES, PUIS UN HOMMAGE

**Niko :** Changement d'ambiance ! À Zagreb, lors des Mondiaux 2009, l'atmosphère est très hostile. Et je suis la cible. Il y a un triple contexte : je suis d'origine croate par mon père et j'ai choisi de représenter la France. De plus, la Croatie est championne du monde en 2003, championne olympique en 2004. Puis, on les bat en demi-finale de l'Euro en 2006, en quart de finale du Mondial 2007 et en demi des JO 2008. Et sur le plan individuel, je suis élu meilleur joueur au monde en 2007. Je succède à... Ivano Balic, la star croate. Donc Ivano et la Croatie accueillent la France et moi pour un championnat du monde, en 2009.

**Luka :** Cette compétition devait être l'apothéose pour leur génération. Le pays avait investi et construit deux nouvelles salles pour l'événement. Ce devait être la fête du hand en Croatie.

**Niko :** Très vite, les médias ont fait monter la sauce entre Balic et moi. Dans les journaux, certains inventaient même des propos que je n'avais jamais tenus. J'hallucinais, du jamais-vu ! Bon, pendant la compétition, je suis applaudi. Mais en finale, on retrouve la Croatie, et là, c'est un truc de fou. Déjà, l'hymne croate me touche à chaque fois que je l'entends. Il est vraiment beau. Il ne parle pas de guerre, mais de la terre, de la mer, de la montagne. Du pays. Mais dès le début du match, je me fais huer, siffler, insulter dès que je touche la balle. C'est la première fois que je dispute un match dans de telles conditions. Dans le hand, ce genre de comportement est rare. Il y a beaucoup de respect pour l'adversaire. Là, les supporters nous lançaient même des briquets et des pièces. Ma maman, présente dans les tribunes, a été très stressée durant tout le match, vu ce qu'elle entendait... Elle avait peur que je me fasse agresser. Je me souviens que j'en avais discuté avec mon père avant le match. Il m'avait prévenu que le public et les joueurs feraient tout pour que je pète un plomb. Il m'avait dit de rester calme.

**Luka :** Papa t'avait conditionné !

**Je suis heureux d'avoir réussi à transformer cette hostilité en une énergie galvanisante.**

Face à Ivano Balic, France-Croatie, Championnat du monde 2009.

nexe
HEP
G. GILLE
SELECT

**Niko :** Clairement ! Et j'avais aussi en tête le carton rouge pris par Zinédine Zidane en finale de la Coupe du monde 2006 pour avoir mis un coup de boule à ce satané Materazzi. On devait la gagner, cette finale, et il avait craqué. Ça m'avait fait mal, et je l'avais gardé en moi. Arrive donc la fameuse action de cette finale, devenue culte. On est à la 46e minute de jeu. Je fais faute sur Balic. Je mérite de prendre deux minutes. Les arbitres ne sifflent pas. Bon, ça compense, puisque je m'étais fait tabasser tout le match… Mais c'est un moment charnière, car ça fait plusieurs minutes qu'ils butent sur notre défense. Balic se relève. Il arrive vers moi. Il commence à m'insulter. Là, je repense aux mots de Papa. Je repense à Zizou. Et je ne réagis pas. Je me permets même un petit sourire narquois ! Il lui fait péter un plomb. Coïncidence ou pas, on se détache dans la foulée et on gagne la finale chez eux (24-19). Gagner et éteindre un public aussi hostile, c'est magique ! Ce fut un moment extrêmement fort avec mon papa croate et ma maman serbe, qui étaient dans les tribunes.

**Luka :** De mon côté, j'étais à Montpellier, devant ma télé, avec des copains. Et j'étais comme un fou ! À travers l'écran, j'ai ressenti cette hostilité. Je me souviens que j'avais les mains moites pendant toute la partie. Après ce match, on s'est fait siffler à chaque fois qu'on a rejoué la Croatie avec la France ou une équipe croate en club.

**Niko :** Ce n'est jamais simple d'être ciblé par une dizaine de milliers de personnes. Surtout qu'on n'y est pour rien, si ce n'est d'avoir choisi de représenter la France. Je suis heureux d'avoir réussi à transformer cette hostilité en une énergie galvanisante. Mais ça peut vite partir dans l'autre sens et tu peux déjouer.

**Luka :** L'histoire finit bien car ce qui est beau, c'est qu'on a joué dans la même salle que celle de la finale de 2009, contre le RK Zagreb, le 29 février 2024 en Ligue des champions. On a perdu, mais à la fin du match, les dirigeants croates ont demandé à Niko de rester au milieu du terrain. Ils lui ont offert un maillot spécial et tous les supporters l'ont applaudi. C'était hallucinant.

Lala, Niko et Branko.

FF
HANDBALL
13
entreprise de

# LES SIÈGES VIDES DE TOKYO

**Luka :** À cause de l'épidémie de Covid-19, on a quand même joué une finale olympique dans une salle vide et, mine de rien, c'est aussi une ambiance marquante. C'est quelque chose de totalement fou qu'on ne revivra plus. J'entendais des athlètes qui trouvaient cela pénalisant mais de mon côté, ça ne m'a pas trop gêné. J'ai trouvé un autre plaisir à jouer dans des salles vides. J'avais l'impression d'être plus au cœur de mon sport. J'y ai entendu tout ce que je n'entends pas, en temps normal.

**Niko :** Moi aussi, je retiens des bruits, qui ont toujours été là, mais qu'on n'entendait plus : celui des chaussures, avec leur petit crissement à chaque changement d'appui, les voix de nos potes sur le banc... Comme toi, ça ne m'a finalement pas gêné plus que ça. Bien sûr, c'était triste de voir des sièges vides mais sur le coup, tu es tellement focus...

**Luka :** Et les émotions sont presque décuplées. Tu gagnes, tu ne t'éparpilles pas avec le public. Il n'y a que toi et ton équipe sur le terrain. C'est un peu un retour à l'essentiel.

**Niko :** C'est ça qui est marrant, au final : pour nous, les émotions, elles étaient tout aussi fortes alors qu'il n'y a personne dans les tribunes. C'est presque une expérience scientifique !

Champions olympiques devant des tribunes vides...

TOKYO 2020

# COLOGNE ET SES FINAL FOUR

**Luka :** Cologne, c'est très marquant. Depuis peu, j'ai de bons souvenirs dans cette salle, grâce au titre de champion d'Europe remporté avec les Bleus en janvier 2024. Ce soir-là, on a cassé une malédiction. Parce qu'avec le PSG, je n'ai connu que des désillusions dans cette salle. Des défaites cruelles, d'un but, de deux buts. Pourtant, j'ai toujours plaisir à y aller. Le Final Four de la Ligue des champions à Cologne, c'est un truc à part.

**Niko :** C'est vrai, il y a eu des défaites difficiles avec le PSG, mais j'y ai aussi gagné avec Barcelone en 2015 face à Veszprem et c'était très fort en émotions. Le Barça m'avait recruté pour remporter la compétition et je savais, à ce moment-là, que je quittais le club juste après, pour rejoindre Paris. Je m'étais donc mis énormément de pression pour remporter ce Final Four avant mon départ. C'était la condition que je m'étais fixée pour partir. On l'a réussi, je suis élu MVP du Final Four et on marque l'histoire de Barcelone, qui n'avait pas gagné la Ligue des champions depuis quatre ans et attendait ce nouveau titre. Donc je suis parti avec le sentiment du devoir accompli...

**Luka :** Le Final Four, ce sont deux jours où on passe par toutes les émotions. C'est un rollercoaster. Il y a quatre équipes qualifiées, quatre kops aux quatre coins de la salle, l'ambiance est géniale. Et le fait de jouer deux matchs en 24 heures, c'est vraiment particulier. Tu jettes la pièce et tu ne sais pas où elle va tomber.

**Niko :** Ce sont les deux matchs les plus importants de la saison, et ils ont lieu en même pas 24 heures. Pour le public, c'est génial, pour les joueurs, c'est un vrai test mental et physique. C'est dur. Il y a 20 000 personnes, c'est un endroit à part. C'est désormais la Mecque du handball en Europe, et on y joue à la fois avec l'équipe nationale et en club. On avait perdu en 2007 contre l'Allemagne en demi-finale du Mondial, après prolongation. Il y avait une grosse ambiance. On s'était un peu fait entuber par l'arbitrage, ça avait été une grosse frustration mais derrière, ça nous avait servi de déclic. Après, on a tout dominé pendant quelques années et ce match-là avait été le déclencheur. On s'était dit : pour ne plus jamais revivre ça, maintenant, on va dominer, on ne va plus rien laisser au hasard.

## Il y a 20 000 personnes, c'est un endroit à part. C'est désormais la Mecque du handball en Europe.

Nantes-PSG, Ligue des champions 2021.

22

# COUBERTIN, SON HISTOIRE ET SES ULTRAS

**Niko :** Pour moi, Coubertin, c'est un petit Madison Square Garden. Comme à New York, c'est une salle en pleine ville, semi-enterrée.

**Luka :** Elle a une histoire, cette salle. J'ai vu des images où ça jouait au hand à Coubertin dans les années 1950.

**Niko :** Tu sens que c'est une salle qui a du vécu, il y a un truc authentique quand tu es dedans. Pour les gros matchs de Ligue des champions, avec les Ultras du PSG, je retrouve un peu l'ambiance de Bougnol en 2003, avec une pression incroyable.

**Luka :** Je crois que les gros matchs avec les Ultras, c'est ce qui se fait de mieux aujourd'hui. Il n'y a aucune autre équipe en France qui a autant de supporters qui poussent comme ça.

**Niko :** Au final, les salles les plus impressionnantes en termes d'ambiance ne sont pas forcément celles avec 10 ou 15 000 places. C'est plutôt une salle comme Coubertin, avec 4 000 personnes mais remplie à ras bord, avec les Ultras qui crient et chantent tout le match.

**Les gros matchs avec les Ultras, c'est ce qui se fait de mieux aujourd'hui.**

En haut : PSG-Veszprem, Ligue des champions 2023.

En bas : PSG-Szeged, Ligue des champions 2017.

BLOCK ANIMAL
PARIS
BLOCK ANIMAL

TOI LÀ-BAS, T'AS PAS DIT BONJOUR !
VELUX
3/4 June 2017 LANXESS arena, Cologne
CHAMPIONS LEAGUE

I. KARABAT
22
PARIS

# NOS ENTRAÎ-NEURS MENTORS

**Ces cinq experts du hand ont tous contribué, à leur façon et à des moments différents, à la légende des frères Karabatic. Ils ont guidé, façonné, protégé, inspiré Nikola et Luka, de leur enfance jusqu'à aujourd'hui.**

# BRANKO KARABATIC, UN GUIDE EXIGEANT ET FIER

**Ancien grand gardien de l'équipe de Yougoslavie dans les années 1980, Branko Karabatic a très tôt senti le feu qui animait ses fils et les a accompagnés vers le haut niveau. Entre discipline et fierté, ce père adoré et admiré a tracé la voie d'une grande histoire de handball...**

**Niko :** Je me suis récemment rendu compte que ma vocation et ma passion pour le hand sont nées lorsque Papa est devenu mon coach, quand on est descendus à Frontignan, au Thau Handball, en 1992. Une fois qu'il a perçu que mon ambition était de devenir un grand joueur, il a commencé à m'accompagner dans cet objectif, en me préparant plein d'entraînements spécifiques, sur des tirs, des passes. Parfois, il m'imposait de ne me servir que de ma main gauche. D'autres fois, il m'interdisait de tirer au but, je devais faire des passes à mes coéquipiers et les faire marquer. Il m'a façonné sur le plan tactique et technique du hand, mais on pratiquait aussi beaucoup d'autres sports à côté. Il insistait sur la gymnastique, pour la coordination du corps, sur les étirements, même sur ce qu'on appelle aujourd'hui l'entraînement invisible, avec l'importance de bien s'alimenter et dormir. Il était dur mais cette discipline apparaissait normale au gamin que j'étais. C'était comme ça. Mon ambition de devenir le meilleur joueur du monde passait au-dessus de tout et je savais que si Papa était exigeant, c'était pour mon bien.

**Luka :** Notre père a très vite senti en nous une énorme envie, un feu, la volonté d'être les meilleurs, de devenir de grands sportifs. Et il a utilisé des ressorts mentaux et psychologiques pour nous y amener. Ça n'a pas toujours été facile. Tu marches parfois sur un fil. Souvent, il venait nous titiller. Quand j'étais chez moi, gamin, assis sur le canapé à regarder la télé ou jouer à

**Parfois, il m'imposait de ne me servir que de ma main gauche. D'autres fois, il m'interdisait de tirer au but.**

Branko et Niko.

la console, il me faisait comprendre que ça n'allait pas me faire devenir un champion. Je lui en ai parfois voulu. Il était très dur. Aujourd'hui, avec du recul, je le comprends beaucoup plus facilement. Ce sens du travail et du sacrifice, c'est quelque chose qu'il a réussi à graver en moi, après coup.

**Niko :** Papa, c'était aussi à nos yeux la figure d'un grand gardien. Chaque fois qu'on allait voir jouer Montpellier, j'étais ébahi quand mes idoles de jeunesse venaient discuter avec lui : Denis Lathoud, Fred Volle, Jackson Richardson, d'anciens joueurs des Balkans aussi... Je me souviens que Denis, que j'admirais depuis son titre de champion du monde en 1995, m'avait dit : « Tu sais que ton père m'a arrêté cinq penalties sur un match, une fois ? » J'étais encore un gamin mais j'ai compris que Papa avait été un super joueur. Tout a commencé comme ça, en réalisant le respect qu'avaient pour lui ces très grands joueurs que j'admirais à la télé. Les voir parler de mon père de cette façon a été un déclic. Je l'ai mis sur un piédestal et ça m'a poussé à le rendre fier, à vouloir la même carrière que lui.

# NOKA SERDARUSIC, UN SECOND PÈRE

**Il avait promis de s'occuper de Nikola comme s'il était son fils. « Noka » Serdarusic a finalement aussi adopté Luka quelques années plus tard et les trois passionnés ont construit une relation hors norme, de Kiel au Paris Saint-Germain en passant par Aix-en-Provence. Une rencontre bouleversante et évidente, tant sur le plan sportif qu'affectif.**

**Niko :** Noka est un vrai mentor, quelqu'un de très important dans notre progression. On l'a rencontré pour la première fois quand on est allés voir le match de Kiel à Montpellier le 31 octobre 1999, à Bougnol, en Ligue des champions (19-23). Papa et lui avaient discuté un peu. Mais je n'ai vraiment parlé avec lui que lors de la saison 2003-2004, quand il m'a contacté pour que je signe à Kiel. Là, je me souviens surtout de l'enthousiasme de Papa. Noka m'a expliqué son projet, ce qu'il voulait faire avec moi, la progression qu'il envisageait. J'avais 21 ans et je signais dans le plus grand club européen, celui qui représentait mon rêve de gamin, à 2 000 km de chez moi. C'était un très grand pas en avant. Mais tout était lié à Noka, il était la raison pour laquelle je suis parti. Là-bas, mon regard a changé grâce à lui, j'ai perçu autrement presque tout ce que je savais sur le hand. Quand je regardais un match, je ne le voyais plus de la même manière et quand j'étais sur le terrain, je ne le vivais plus de la même manière. Je comprenais à tout moment ce que je devais faire, où je devais être placé... Noka a utilisé toutes mes qualités – physiques, de tir, de un contre un, de défense, de vision, de technique – et il les a modelées, affinées. Mon père disait souvent : « Tu pars étudier en Allemagne auprès de Noka. » Et c'est exactement ce qui s'est passé. J'ai énormément appris tactiquement. Ça m'a permis aussi d'amener tout ce savoir en équipe de France. Pendant très, très longtemps, une grande partie des choses qu'on essayait de mettre en place avec les Bleus, je les tenais de lui. On s'appelait même souvent pendant les compétitions de l'équipe de France, on analysait les matchs des adversaires et il me disait : « Contre eux, il faut faire ça, attention à ça ou ça. » Il a finalement été plus qu'un mentor, un second père. On avait un vrai lien affectif avec lui, ainsi qu'avec sa femme Mirjana.

**Luka :** Un jour, on a loué un gros van pour venir te rendre visite à Kiel, on a fait 15 heures de route. C'est comme ça que j'ai rencontré Noka. Je jouais encore au tennis à ce moment-là. J'avais déjà très envie de revenir dans le hand mais je n'avais pas franchi le pas. On a demandé à Noka si je pouvais venir à l'échauffement, participer aux jeux avec l'équipe de Kiel. J'ai fait un peu de foot, puis il m'a laissé tenter quelques tirs, quelques passes. Une fois, il m'a même autorisé à faire tout l'entraînement, c'était drôle ! Et en 2014, on a eu la chance exceptionnelle que Noka vienne à Aix. C'était un peu irréel de le voir débarquer là-bas, dans un club qui luttait pour le maintien en D1. C'était une légende du handball, il avait tout gagné. À mon tour, je l'ai eu comme coach, comme mentor.

Noka Serdarusic avec Niko, PSG-Besiktas, Ligue des champions 2016.

44
PARIS
gfi

**Niko :** Si Luka et moi n'avions pas été sur place, cela n'aurait pas pu se faire. Mais dans le sport, c'est souvent comme ça, des concours de circonstances.

**Luka :** Ça a été un moment charnière de ma carrière et c'est vraiment là, quand Noka est arrivé, que j'ai tout appris. Pour la première fois, j'avais un entraîneur qui me disait : « Place-toi comme ci, comme ça. » C'était aussi un ancien grand joueur et il comprenait tout. Ça a été une formation intensive pendant deux ans, un accélérateur de particules. Noka avait les pleins pouvoirs, il s'occupait également de la préparation physique. C'était un coach à l'ancienne, de l'ex-Yougoslavie, avec des prépas de malade. C'est à Aix que j'ai fait les deux prépas les plus dures de ma vie, sous sa houlette. On faisait trois entraînements par jour, on se levait à 5 h 30 ou 6 h, on allait courir, ça montait crescendo en intensité. Ce sont des choses qui m'ont énormément servi ensuite.
Noka plaçait beaucoup d'espoirs en moi donc il était très exigeant et en même temps, il me confiait beaucoup de responsabilités. C'est ce mix-là qui a été décisif. Je venais de quitter Montpellier, ce n'étaient pas des moments faciles et Noka a aussi été une figure paternelle. Il m'arrivait souvent d'aller manger chez Noka et Mirjana.

**Niko :** Oui, ses petits plats étaient réputés. Elle savait tout faire. Elle nous demandait ce qu'on voulait et elle le faisait. C'était très souvent des spécialités des Balkans.

**Pendant très, très longtemps, une grande partie des choses qu'on essayait de mettre en place avec les Bleus, je les tenais de lui.**

**Luka :** Elle réussissait à merveille les sarma, une spécialité très connue à base de feuilles de chou farcies. Et puis, il fallait voir les quantités, notamment les desserts ! Dans l'assiette aussi, Noka était un coach à l'ancienne, il ne s'attendait pas à ce qu'on mange des granolas. « La force, ça rentre par la bouche » : notre père nous le disait souvent, et c'était aussi la devise de Noka. Si tu mangeais bien, tu allais bien t'entraîner, bien récupérer.

**Niko :** On a retrouvé Noka tous les deux au PSG en 2015. Une fois de plus, les planètes se sont alignées. Nous, on venait d'être champions du monde et Paris voulait grandir, jouer pour le titre en Ligue des champions. Luka était à Aix, moi à Barcelone, tout se passait très bien. Mais le PSG nous a contactés pour nous faire venir tous les deux. Depuis que Loulou s'était mis au hand, pour moi, l'objectif c'était de jouer et de gagner ensemble. Paris nous a offert ça et en plus, la chance d'évoluer sous les ordres de Noka. C'était magique. Ça a été un crève-cœur de quitter Barcelone mais je ne pouvais pas laisser passer une opportunité comme celle-là. La seule tristesse, c'est que pendant ces trois dernières années ensemble, Noka a connu des pépins de santé, de l'arythmie, des problèmes avec son dos, sa prothèse de genou. Il n'a pas pu continuer. On a entamé quelque chose avec lui à Paris, on a fait deux Final Four et une finale de Ligue des champions qu'on perd d'un but à la dernière seconde… Et il est parti. C'est dommage, on aurait aimé continuer. Mais c'était génial d'avoir pu vivre ça, de l'avoir avec nous et de boucler la boucle en se retrouvant tous les trois.

**Luka :** Ça a été une période incroyable. Avec Noka, on avait en commun d'être originaires de l'ex-Yougoslavie, on partageait cette langue. Il nous connaît depuis tout petits, je pense qu'il nous voyait un peu comme ses fils.

**Niko :** Oui, quand je suis parti à Kiel, il avait dit à Papa et Maman qu'il s'occuperait de moi comme si j'étais son fils. C'était vraiment plus qu'une relation coach-joueur. C'est génial, quand tu es joueur, de pouvoir vivre ça. C'est plus que du sport et ça arrive très peu souvent. Cela a été un vrai privilège, auprès de quelqu'un qui est une bible du handball. Humainement, on s'est bien trouvé aussi et même s'il était très dur au premier abord, on rigolait beaucoup dans la vie de tous les jours.

**Luka :** Et pour autant, il n'y a jamais eu de laisser-passer. Il était même plus exigeant avec nous. Je savais que si je faisais n'importe quoi, ça ne passerait pas. Il disait les choses. Il venait te challenger, te titiller, toucher ton ego pour te pousser à être encore meilleur, à donner le meilleur de toi-même. On a énormément d'affection pour lui alors que, oui, c'est quand même quelqu'un de dur.

**Niko :** Oui, il ne passait pas par quatre chemins, il était très direct. Il disait la vérité, même si elle te dérangeait. On aime ou on n'aime pas mais avec nous, ça a totalement matché. Parce que Papa avait un peu ce fonctionnement-là et surtout parce qu'on se donnait toujours à fond sur le terrain. Noka était exigeant avec nous mais il savait aussi qu'en retour, il pouvait compter sur notre totale adhésion. Il savait aussi que l'on était prêts à se sacrifier sur le terrain pour le bien de l'équipe.

En haut : PSG-Meshkov Brest, Ligue des champions 2018.

En bas : Flensburg-PSG, Ligue des champions 2015.

B
22

VELUX
JACOB C
BAUST

# CLAUDE ONESTA, CHEF DE CLAN ET DEVIN

**Sélectionneur mythique de l'équipe de France entre 2001 et 2016, Claude Onesta était réputé pour ses causeries musclées et parfois visionnaires. Le technicien, qui n'a pas toujours été tendre avec ses joueurs, a parfaitement appréhendé la relation à part qu'entretenaient Luka et Niko sur et en dehors du terrain.**

**Niko :** J'ai été marqué par la causerie de Claude avant la finale du Championnat du monde 2009, contre la Croatie qui jouait à domicile (19-24). On avait envie qu'il nous prépare tactiquement et techniquement pour le match et lui, il nous a raconté une histoire. Il a déroulé le match comme il l'imaginait. Je l'entends encore, avec son accent toulousain, ses intonations de rugbyman. Il disait : « On va leur mettre la pression, on va tenir en défense et petit à petit, ils vont commencer à se casser les dents sur notre défense. Et si on arrive à les amener à ce point-là, le public va se retourner contre eux et on va gagner. » Il savait que si on arrivait à rester au coude à coude jusqu'à la 45e minute, ils allaient péter un plomb et on allait pouvoir faire la différence. On est sortis du vestiaire en se disant : « Punaise, il nous ennuie avec ses discours, qu'il nous dise plutôt ce qu'on doit faire sur le terrain ! » Mais ce jour-là, il a eu tout bon, ça s'est passé exactement comme il l'avait prédit. Et après la finale, on rigolait : « Ça y est, maintenant il va passer pour un devin. »

**Luka :** J'arrive en équipe de France cinq ans plus tard, en 2014. Les Bleus sont doubles champions du monde, doubles champions olympiques. Et Claude est déjà une figure emblématique. À mes yeux, c'est un coach légendaire, assez imposant du fait de sa carrure, sa voix, sa manière de s'exprimer. J'arrive assez impressionné et en même temps, je sens une vraie bienveillance à mon égard. Je me suis vraiment senti en confiance et à l'aise avec lui. Je pense aussi que Claude comprenait bien notre relation avec Niko. Il savait que c'était un truc à part et il a bien géré ça. Il était très centré sur l'humain, plus que sur la tactique et le handball pur. Il avait le sens de la formule, le poids des mots. Il savait venir te titiller et te faire réagir. Ce qui revenait souvent, c'était ce langage un peu guerrier, ces mots forts, notamment quand il parlait de la défense.

**Niko :** « Secouez-les ! », il disait.

France-Serbie, Championnat d'Europe 2016.

**Luka :** Oui, des mots qui te donnaient envie d'aller frapper tes adversaires. D'aller dans l'affrontement physique. Dans les jeux d'échauffement, aussi, c'était quelque chose. Il y avait notamment le touchdown, un mix entre le handball et le foot américain. C'était les vieux contre les jeunes. Claude prenait toujours le sifflet à ce moment-là, et uniquement à ce moment-là. C'était son moment, c'était presque un one man show. Il lui arrivait de siffler des trucs très bizarres juste pour énerver tel ou tel joueur ; la plupart du temps, c'était contre les jeunes pour les faire sortir un peu de leurs gonds. C'était toujours un moment assez particulier, ça pouvait même parfois créer de la tension.

**Niko :** Il avait une proximité avec les joueurs mais gardait quand même une certaine distance. Il jouait le rôle du doyen, en quelque sorte, du chef de clan. Il a fallu beaucoup de temps pour que je me sente « accepté » par Claude. Alors que ça faisait très longtemps que j'étais dans l'équipe et que je faisais partie des leaders, il faisait toujours en sorte de me rabaisser. Je pense que c'était sa façon de préserver l'équilibre de l'équipe. Je me souviens qu'en 2014, quand il y a eu un changement de génération, je me suis senti plus proche de Claude, davantage protégé. Plus jeune, il y a eu plein de moments où je n'ai pas compris ses décisions. Aujourd'hui, avec le recul, j'ai beaucoup plus de respect et d'affection pour lui.

**Il avait le sens de la formule, le poids des mots. Il savait venir te titiller et te faire réagir.**

France-Allemagne, Championnat du monde 2013.

# FRED ANQUETIL, LE GOÛT DU COMBAT

**Dans son rôle de capitaine ou de formateur, l'ancien Montpelliérain Frédéric Anquetil a marqué les frères Karabatic par son dévouement et a réveillé chez eux un instinct de guerrier.**

**Luka :** Fred m'a repris en main quand je me suis remis au hand à 19 ans. Il était responsable du centre de formation de Montpellier et il a joué un rôle important pour moi. Il m'a marqué humainement, notamment par son sens de la repartie. C'est un ancien joueur doté d'une grande aura, et un vrai formateur. C'est aussi une pile électrique, il est très intense sur le terrain.

**Niko :** Moi, j'ai joué avec lui, il a été mon premier capitaine à Montpellier et il aimait déjà transmettre. Il avait ce sens du sacrifice sur un terrain, ce dévouement corps et âme. Un jour, il s'est arraché un doigt pendant un tournoi. Son alliance est restée coincée dans un grillage, il a dû se faire enlever ce doigt-là, sur la main droite, et il a joué comme ça.

**Luka :** C'était vraiment un combattant.

**Niko :** Il nous transmettait ce goût du combat et nous, je pense qu'on l'avait aussi dans nos gênes. On a toujours aimé, Luka comme moi, ce côté guerrier, ce don de soi, l'idée d'aller jusqu'au bout du bout, presque jusqu'à mourir sur un terrain. Fred enseignait ça dans sa manière de vivre le handball.

Un jour, il s'est arraché un doigt pendant un tournoi. Son alliance est restée coincée dans un grillage, il a dû se faire enlever ce doigt-là, sur la main droite, et il a joué comme ça.

Montpellier-PSG, finale de la Coupe de France 2001.

MONTPELLIER

# DIDIER DINART, COMME UN GRAND FRÈRE

**Très proche de Nikola et Luka dès le début des années 2000 à Montpellier, l'international français, devenu entraîneur adjoint puis sélectionneur des Bleus, s'est imposé au fil des ans comme un mentor, une inspiration et un modèle d'exigence.**

**Niko :** Quand je suis arrivé à Montpellier en 2002, à 17-18 ans, Didier a aussi eu ce rôle de mentor avec moi. Comme un grand frère. Il était très proche des jeunes et s'entendait un peu moins bien avec les anciens, je pense que ça l'arrangeait ! L'avoir à mes côtés m'a aidé à me sentir en confiance, à m'intégrer. Et ça a été aussi très précieux quand je suis arrivé en équipe de France la même année. On est devenus très, très proches.

**Luka :** Moi aussi, Didier m'a connu tout jeune. J'avais à peine 15 ans quand il jouait avec Niko à Montpellier. J'étais le petit frère, il m'a pris sous son aile. D'ailleurs, ma première cuite, c'était chez lui, un soir de Nouvel An ! Bien plus tard, quand je suis arrivé en équipe de France, en 2014, j'ai retrouvé Didier, qui était devenu entraîneur adjoint. Il portait un regard bienveillant sur moi, ça m'a beaucoup aidé. J'ai pu m'intégrer et m'exprimer encore plus vite. J'étais son successeur en pivot, puisque lui avait arrêté en 2013, et j'ai beaucoup appris en le regardant faire. Quand, à l'âge de 15 ans, j'ai commencé à suivre toutes les épopées de l'équipe de France, j'ai observé Didier, sa manière de jouer, de défendre. C'est quelque chose que j'ai absorbé, qui a ensuite infusé en moi. Il était défenseur exclusif et il a mis ce poste en valeur, il a mis la défense française en avant. C'est à partir de ce moment-là qu'on a vu des spécialistes défensifs émerger. Tout un savoir-faire est parti de lui. Pour moi aussi, de ce point de vue-là, il a été un mentor.

**Une exigence extrême, une haine de la défaite qui poussait tout le monde à se dépasser.**

**Niko :** Pourtant, on l'a souvent réduit à ça, à ce statut de défenseur exclusif. Didier parlait souvent de tel joueur, tel entraîneur qui avait dit qu'il ne savait pas jouer au hand, que c'était juste un défenseur. Ça le touchait profondément, je le sais. Donc il avait à cœur de réussir à tout prix, de se construire contre ça. Il était très motivé et apportait énormément de rigueur. Dans un groupe, c'était un gros plus. C'était un blagueur, on rigolait beaucoup mais il avait aussi en lui une exigence extrême, une haine de la défaite qui poussait tout le monde à se dépasser.

En haut : Didier Dinart avec Niko, Cédric Sorhaindo et Luka, Championnat du monde 2017.

En bas : Championnat du monde 2019.

# CÔTÉ COULISSES

# NOS STAGES DE PRÉPA-RATION

**Ce sont des jours loin des terrains, souvent coupés du monde. Les corps grincent, les têtes se vident et les groupes se consolident. Nikola et Luka Karabatic plongent dans les coulisses des stages de préparation, là où les esquisses des succès se dessinent.**

# LES STAGES À MONTPELLIER

**Niko :** Quand j'ai commencé à Montpellier, les préparations de Patrice Canayer étaient composées de trois entraînements par jour. On allait en Lozère, à Saint-Chély-d'Apcher. Je me souviens qu'on dormait en auberge de jeunesse, avec un lit, une armoire et un bureau par chambre. Pour les séances de course, on alternait entre la forêt et... la piste. La piste, c'est quelque chose que nous, les handballeurs, nous n'aimons pas trop. On enchaînait les séances de fractionné, toujours plus dures. Ce sont des moments qu'on redoutait. À la fin de la prépa, il n'y avait généralement que trois joueurs dans l'effectif qui n'étaient pas blessés, tellement c'était dur !

**Luka :** Au fil de ta carrière, tu as vu une évolution sur les stages, non ?

**Niko :** Clairement. Au début, c'était très lourd, traumatisant. Beaucoup d'anciens ont d'ailleurs le dos en vrac aujourd'hui. Après Montpellier, je suis parti à Kiel, où j'ai découvert les méthodes de Noka...

## Une auberge de jeunesse en Lozère.

Ci-dessus : Stage de pré-saison avec Montpellier, été 2009.

Page de droite : Luka et Loïc Laurent à l'entraînement à Aix avec Noka Serdarusic, 2014.

# LA MÉTHODE NOKA SERDARUSIC

**Luka :** La méthode Noka, moi, c'est à Aix que je l'ai découverte. Il gérait tout de A à Z, à l'ancienne. C'est simple : ça a été le stage de préparation le plus dur de ma vie, à base de trois entraînements par jour. On commençait par une course en forêt d'une heure avant le petit-déjeuner. Derrière, il y avait un entraînement à 10 h, souvent de la musculation. Avec Noka, ce n'était pas avec des haltères ou des barres de développé couché, mais des tapis ou des coéquipiers en guise d'appuis. Le soir, on avait handball à 17 h. Et tout ça pendant une semaine. Je me souviens que deux matchs amicaux étaient prévus pendant le stage. Je m'étais dit qu'on allait diminuer la charge les jours de match. Mais non, c'était pareil. Heureusement que j'étais jeune, j'ai pu encaisser.

**Niko :** Par la suite, on a de nouveau goûté à la méthode Noka ensemble, avec le PSG, mais c'était moins hardcore.

**Luka :** Noka avait moins la main, puisqu'il y avait un préparateur physique dans son staff. Sauf qu'à un moment donné, il a commencé à froncer les sourcils : il trouvait que ce qu'on faisait n'était pas assez intense ! Il est venu ajouter quelques ingrédients à la potion, et ça s'est corsé. Ce qui était dur avec Noka, c'est que n'importe quelle séance de préparation se transformait en compétition entre équipes. Donc il y avait forcément un perdant, qui récoltait du travail physique en rab... C'est d'ailleurs la raison de notre dernière grosse dispute, Niko.

**Niko :** C'est vrai. C'était un exercice de relais, avec sprints et pompes, entre équipes. Celle qui perdait devait faire des sprints en plus.

**Luka :** Et des vrais sprints, hein !

**Niko :** Personne ne voulait perdre. Donc, forcément, ça trichait.

**Luka :** Vu que les règles étaient un peu floues, il y a eu des pompes plus ou moins bien réalisées. Ni Niko ni moi ne trichions, mais nous n'étions pas dans la même équipe, et la tension est montée.

**Niko :** L'un a critiqué l'équipe de l'autre, et c'est parti.

**Luka :** Derrière, on ne s'est pas parlé pendant 48 heures, quand même ! Chacun dans son coin, avec sa fierté. C'est la seule fois où on est restés en froid aussi longtemps. À un moment, on a pris un peu de recul et on s'est dit qu'il fallait arrêter ce genre de conneries !

## La raison de notre dernière grosse dispute.

En stage à Doha avec le PSG, 2015.

# 2016 : LA TOUSSUIRE AVANT DE S'ENVOLER POUR RIO

**Niko :** Avant les JO 2016 à Rio, on part pour dix jours de stage à La Toussuire. Vient le jour tant redouté de la première séance sur piste. Au moment de quitter l'hôtel, elle prend une tout autre saveur lorsqu'on apprend qu'on doit s'y rendre en hélicoptère.

**Luka :** Il y a un gros contraste entre le kiff du moyen de transport et la souffrance qui nous attend à destination... La séance est difficile, mais revenir en hélico remonte le moral. Bon, on n'est pas hyper sereins non plus, car ça reste de l'hélico en montagne.

**Niko :** Ça doit être la seule fois de ma vie où j'ai fait de l'hélico. J'ai de superbes souvenirs de ce stage. On avait fait du VTT électrique.

**Luka :** Une via ferrata, aussi, avec une tyrolienne de cent mètres au-dessus d'une vallée. C'était ma première préparation à des JO. Entre nous, on entend toujours beaucoup parler de ces stages. C'est la seule occasion de faire un vrai stage de préparation en équipe de France, alors qu'aux Championnats du monde ou d'Europe, les délais sont bien plus courts. À La Toussuire, je me souviens également avoir été impressionné par le terrain de hand qui avait été aménagé sous une bulle juste au pied de l'hôtel. Même si c'est très intensif, ce sont souvent de bons souvenirs.

**Niko :** Ce sont des moments très importants. On souffre ensemble. Les coachs repoussent les limites, voient jusqu'où on peut aller. Ça forge les corps, mais aussi les têtes et le groupe. On est en vase clos, rien qu'entre nous.

adidas

# 2021 : LA MAISON DU HAND AVANT TOKYO

**Luka :** Avec le Covid, la préparation aux Jeux de Tokyo a été un peu particulière. Pas de stage à la montagne cette fois, on est restés à la Maison du handball à Créteil. En plus, il fallait réduire les contacts avec l'extérieur, donc on avait moins pu voir nos familles. En revanche, beaucoup d'activités étaient organisées pour souder le groupe. Je me souviens d'un après-midi karting, notamment.

**Niko :** Et d'une journée avec le RAID, aussi. On avait rencontré trois de leurs membres au Mondial 2017 en France, pendant lequel ils étaient chargés de notre protection. On avait sympathisé, donc on s'est revus pour la prépa de ces JO. C'était génial. On a fait plein d'exercices avec eux.

**Luka :** C'était fou. On a escaladé un bâtiment, et bouclé un parcours d'obstacles avec un joueur allongé sur un brancard. On devait aussi passer dans des tuyaux très fins pour tester notre claustrophobie.

**Niko :** Je me souviens d'une simulation de prise d'otages, aussi. Très impressionnant.

**Luka :** Ils nous avaient débriefé leur intervention à l'Hyper Cacher, ça nous a énormément marqués. C'était une journée formidable. Eux aussi fonctionnent en équipe. On a beaucoup de valeurs en commun.

**Niko :** Quatre jours avant le départ, on a pu revoir nos familles. Mais une menace planait au-dessus de nos têtes : si on revenait avec le Covid, on ne faisait pas les Jeux. On nous avait donné des autotests, c'était très flippant. En plus, on avait un mariage prévu... On a beaucoup hésité, mais on y est allés, avec le masque et en faisant très attention.

**Luka :** On n'a heureusement pas attrapé le Covid. Vu que Tokyo se trouve à l'autre bout du monde, on est partis assez tôt pour s'acclimater. On a fait une semaine de stage dans la campagne japonaise, à Koshu, au pied du mont Fuji. Il y avait une demi-heure de bus de l'hôtel à la salle. Sur le trajet, je me croyais dans un film, avec les bains traditionnels, les abricotiers, la campagne. J'adorais. Je regardais par la fenêtre avec des yeux émerveillés. C'était très dépaysant. Ce que j'ai adoré avec ces JO, c'est qu'ils ont eu lieu dans des endroits exotiques, où le hand, très européen, n'a pas l'habitude d'aller. En revanche, les Japonais étaient très stricts avec le Covid. Je me souviens des repas... Chacun à une table, personne en face de l'autre, tous devant le mur. Tu mangeais en face du dos de tes camarades... Assez particulier.

## La menace du Covid planait au-dessus de nos têtes.

En haut : Les Bleus autour de Guillaume Gille.
En bas : Avec Nedim Remili.

L'HISTOIRE
S'ÉCRIT
ENSEMBLE
FRANCE

# 2024 : TIGNES AVANT PARIS

**Niko :** La préparation des JO 2024 a forcément eu un goût particulier, puisque c'était ma dernière.

**Luka :** Tu te souviens qu'à chaque fois qu'on démarrait une prépa, on se disait : « Allez, il m'en reste huit avant la retraite ! » Là, c'était la dernière...

**Niko :** Pour moi, elle a été beaucoup plus facile à vivre.

**Luka :** Oh, c'est la question que je voulais te poser.

**Niko :** Oui, les séances étaient plus faciles, car je savais qu'après, il n'y en aurait plus. C'était dur physiquement, mais j'y ai même pris un peu plus de plaisir, car on a souffert ensemble pour la dernière fois. Cette année, on a quitté La Toussuire pour Tignes. Les conditions étaient top. On était un peu coupés du monde, donc ça contrastait avec Paris, où tous les gens que l'on croisait nous souhaitaient bonne chance pour les Jeux. À Tignes, on avait la sensation d'être dans une bulle, et c'était précieux. Niveau activités, on était sur du classique, avec rando ou rafting. Le RAID est passé, aussi.

**Luka :** On n'avait jamais fait un stage aussi long. D'habitude, c'est 10 jours. Là, on est partis deux semaines complètes.

**Niko :** Ce qui était différent, aussi, c'est qu'on était 21 joueurs. À la fin du stage, il n'en restait plus que 17 (14+3). Ça s'est beaucoup réduit. Il y avait de vrais choix à faire. Tout le monde était à fond.

**Luka :** J'ai senti beaucoup d'envie, une grosse émulation. Le niveau physique m'a semblé encore plus relevé que d'habitude. Une vraie culture du travail s'est installée. Le programme était très chargé, les demi-journées off étaient rares.

**Niko :** Lors du premier entraînement, je m'attendais à une séance légère, puis une montée en puissance progressive. Finalement, on a commencé très fort d'entrée, avec plein de sprints. Le lendemain, c'était muscu puis une sortie VTT, où on s'est fait un peu avoir...

**Luka :** D'habitude, le vélo en début de stage, c'est de la descente, c'est fun. Là, c'était onze kilomètres sur un col hors catégorie. Je n'ai jamais autant galéré sur un vélo. C'était interminable. On a fini dans la neige, avec les skieurs, en plein mois de juin.

**Niko :** Le mal aux fesses a duré quelques jours. En plus, sur les trois derniers kilomètres, on a fait un contre-la-montre, en mode compét'...

**Luka :** ... que Niko a terminé à la troisième place ! À la fin, de rage, un ou deux de nos coéquipiers ont jeté les vélos et les casques. Apparemment, il y a quelques années, les rugbymen avaient fait la même sortie et certains d'entre eux avaient carrément jeté leur vélo dans le ravin, tellement ils avaient pété un plomb.

**Luka :** Autre nouveauté : chaque séance était l'occasion de challenges, qui permettaient d'accumuler des points en vue d'un classement général. On était entre compétiteurs, donc chacun voulait bien figurer...

**Niko :** Sur une des séances de muscu, Loulou a carrément arraché la machine !

**Luka :** C'était un appareil de gainage. J'ai tiré et le truc est parti. Il y a bien quinze kilos qui ont atterri sur ma cuisse. Je me suis retrouvé avec un énorme bleu. Et encore, j'aurais pu me faire plus mal, voire attraper le tibia de Ludo (*Fabregas*), qui était juste derrière. On n'est pas passés loin de la catastrophe !

**Une préparation inédite et intense.**

L. KARABATIC
22
FDJ
FDJ

# NOS BLESSURES

**Le handball est un sport de contact extrêmement physique. Au cours d'une carrière, la douleur s'impose comme une présence régulière, avec laquelle les joueurs composent. Les blessures guettent. Au fil de leur expérience, Niko et Luka Karabatic ont appris à les apprivoiser, les dépasser et même s'en servir pour progresser.**

# LES PREMIERS PAS

**Luka :** Les blessures n'attendent pas l'âge adulte ou le statut de sportif de haut niveau pour pointer le bout de leur nez. Adolescent, j'ai eu un problème de croissance du genou, la maladie d'Osgood-Schlatter, que Niko a aussi connue. C'est assez fréquent de subir ce genre de blessures lorsqu'on est jeune et qu'on fait du sport de façon intensive.

**Niko :** La clé, c'est de trouver les bons spécialistes, kinés et ostéopathes, qui sauront te conseiller sur le repos, les traitements, les soins… C'est l'un des grands enjeux d'un début de carrière. Il ne faut pas hésiter à multiplier les avis médicaux, car certains sont parfois contradictoires. Au début, on tâtonne. Je me souviens que lorsque j'étais en sport-études, on était même allés voir un guérisseur avec ma mère, pour des douleurs au dos. Au fur et à mesure, on crée sa petite équipe médicale.

**Luka :** C'est primordial. Ado, je me suis tordu la cheville en jouant à saute-mouton dans la cour de récré. On m'emmène à la clinique et là, on me plâtre. Trois mois après, j'ai encore mal. Mon coach de tennis de l'époque me redirige vers Gérard Jeanjean – le père de Nicolas, ex-international de rugby, devenu un ami. C'est la première fois que j'ai affaire à un ostéopathe spécialiste du sport. Il manipule ma cheville et décèle le diagnostic exact, sans que je lui dise quoi que ce soit. On fait une séance d'une heure et demie. Une semaine après, la douleur a totalement disparu. Ça m'a bluffé.

**Niko :** Jeune, j'allais moi aussi souvent voir Gérard. Il est vite devenu une personne de confiance, un membre à part entière de cette petite équipe médicale, au point que je le consultais parfois en complément quand je jouais à Kiel, Montpellier ou Barcelone.

**Luka :** Après, une fois que tu commences à jouer dans des grands clubs, tu as un staff médical compétent à ta disposition.

**Niko :** Et là, tout change. À Montpellier, j'ai découvert le kiné Alain Carman, une grande figure du club. On a aussi travaillé avec Yann Montiège. Les staffs médicaux sont primordiaux pour les joueurs. Au fil de notre carrière, on a eu la chance d'en avoir de très bons.

**Au fur et à mesure, on crée sa petite équipe médicale.**

2
Viel

# LE RAPPORT À LA DOULEUR

**Niko :** Mes premières blessures liées au hand sont des entorses de cheville, pas forcément très graves. Un strap' et on joue avec la douleur. Dans le hand, on apprend très vite à composer avec elle.

**Luka :** Niko et moi sommes pareils sur ce point : on n'aime pas être sur le flanc. C'est dans notre éducation. Quand on ne joue pas, on a l'impression de laisser tomber l'équipe. Ce n'est pas évident à gérer, car en étant toujours à la limite, on prend forcément des risques. Même si avec l'expérience, on apprend à mieux connaître son corps et à savoir jusqu'où on peut aller.

**Niko :** Luka et moi sommes si proches d'un point de vue génétique qu'on a fait nos premiers calculs rénaux à un mois d'intervalle. C'est l'une des pires douleurs que j'ai connue, au point d'en vomir alors que je me trouvais dans un taxi. Le chauffeur a dû croire que je revenais de soirée !

**Luka :** C'est une sensation atroce. Un mois plus tard, donc, je suis en déplacement avec l'équipe, en Slovénie. On prend le bus le matin, la douleur monte, à tel point que je demande au conducteur de s'arrêter. Je prends le premier taxi, direction l'hôpital. Mais mon histoire avec les calculs rénaux ne s'arrête pas là... En mai 2021, on joue avec le PSG un quart de finale retour de Ligue des champions face à Kiel. La veille, je me réveille avec cette même sensation de douleur dans le dos. Je file à l'hôpital, où j'arrive presque en rampant, tant je souffre. Le médecin confirme le diagnostic et me dit que le calcul rénal est trop large pour être évacué de manière naturelle. Coup dur. En fin de journée, je passe sur la table d'opération : anesthésie générale, on me pose une sonde que je garderai un mois. Je sors à 20 h, soit vingt-quatre heures avant le match, avec un mal de bide pas possible, des urines pleines de sang. En partant, je demande au docteur si je peux jouer le lendemain. Il grimace, me dit qu'il ne me le conseille pas, sans me l'interdire. De retour à la maison, je me pose la question toute la soirée... Et le fameux « je ne peux pas abandonner mon équipe » prend le dessus. J'ai joué un quart de finale de Ligue des champions avec une sonde dans le ventre. Le pire, c'est qu'on gagne et qu'on se qualifie ! Un coéquipier qui m'a vu uriner du sang à la mi-temps m'a dit que j'étais un grand malade.

**Niko :** Chaque handballeur a aussi connu des blessures un peu bêtes. L'une d'entre elles m'a marqué : c'était à Kiel, lors d'un match où on menait assez tranquillement. À un moment, je prends un deux minutes, que j'estime injustifié.

PSG-Celje, Ligue des champions 2019.

Je m'énerve. En sortant, je mets un coup de pied dans une bouteille d'eau à côté du banc. Sauf que dans le prolongement du geste, mon pied finit dans une barre métallique de la tribune. De retour aux vestiaires, j'enlève la chaussure et je vois du sang. Je m'étais ouvert le petit doigt ! On a dû le recoudre et, derrière, j'ai fait un trou dans ma chaussure pour pouvoir jouer. J'ai même disputé un match avec un petit anesthésiant local, qui s'est révélé un peu moins local que prévu, puisque je ne sentais plus mon pied. Pas facile pour les appuis !

**Un quart de finale de Ligue des champions avec une sonde dans le ventre.**

# LES LONGUES BLESSURES

**Luka :** Je me souviens avoir eu du mal lorsque je suis repassé du tennis au hand. Lors des premiers entraînements, mon corps souffre : je me fracture la main en contrant un shoot. Mon corps n'est plus habitué à ce sport ultra-physique. Idem lors de l'un de mes premiers matchs : je suis en défense face à un mec de 120 kilos. Au contact, je me luxe le bras gauche, et c'est une douleur que je traîne encore aujourd'hui.

**Niko :** Le hand laisse des traces. À Kiel, je me fais opérer deux fois des coudes. À force de tomber, des morceaux de cartilage et des calcifications s'étaient déposés.

**Luka :** En défense, les mains et les doigts morflent. Impossible d'échapper aux doigts tordus ou aux fractures.

**Niko :** Mais le danger est partout, comme lorsque je suis revenu à Montpellier. On dispute un tournoi en Allemagne. Patrice Canayer conduit le minibus. Je suis assis sur la banquette arrière. J'oublie de mettre ma ceinture au démarrage. D'un coup, Patrice freine, je pars en avant et résiste avec ma jambe droite. Ça réveille ma tendinite rotulienne, que j'ai traînée pendant un an. De nombreuses blessures proviennent d'ailleurs des douleurs lancinantes avec lesquelles on compose. On multiplie les protocoles pour les atténuer et éviter l'opération. Dans ce domaine, le staff historique de l'équipe de France est excellent, avec le doc Pierre Sébastien et les kinés JC Mabire, Pat' Kersten et le regretté Jacques Miquel. Mais parfois, l'opération est inéluctable, comme avec mon hallux valgus à Paris, en 2019. C'est une déformation du gros orteil, qui s'est créée à force de jouer. Je l'ai traînée un an et demi. C'est devenu tellement douloureux qu'on a décidé d'opérer. À l'époque, très peu de sportifs avaient subi cette opération. Certains chirurgiens disaient que c'était trop risqué. Finalement, on en a trouvé un qui nous a rassurés. C'est la première fois que j'ai eu peur pour la suite de ma carrière. Je me fais opérer juste avant le Mondial 2019, auquel je ne suis pas du tout censé participer. C'est dans ces cas-là qu'un kiné de qualité fait la différence. Avec Kiki (*Christophe Dubois*), on défriche. Il exploite son réseau et explore internet, à la recherche d'exercices. On s'entraîne comme des malades et je réussis à revenir pour le Mondial. A contrario, en 2021, ma rupture des ligaments croisés est moins inquiétante. Le délai de récupération est long, mais on sait la traiter. C'est cadré, il y a des paliers à passer. En revanche, sur le coup, cette blessure est la plus difficile à accepter. Elle intervient après le Covid, alors que je me sens en forme. Et d'un coup, boum. Au début, c'est dur, surtout que je fais une thrombose avec embolie pulmonaire dans la foulée. Une fois guéri, le staff médical du PSG s'est montré incroyable. Nos liens se sont resserrés avec Kiki, Régis Boxelé, le médecin du club, et Saïd (*Ouksir*), le préparateur physique.

## Les leviers mentaux ont un impact considérable.

PSG-Toulouse, 2018.

**Luka :** Je touche du bois, mais jusqu'à présent, je n'ai jamais connu de longues blessures. Mon indisponibilité n'a jamais dépassé les cinq ou six semaines. Le pire que j'ai connu, c'est mon entorse au pied droit lors du Mondial 2017 en France. Elle tombe au pire des moments, puisque je loupe le reste de la compétition.

**Niko :** C'est le plus frustrant. Quand je me romps les ligaments croisés, je pense tout de suite aux JO de Tokyo, qui ont lieu six mois plus tard. Dans ces moments-là, les leviers mentaux ont un impact considérable. Au lieu de m'apitoyer sur mon sort, je vois cette blessure comme un challenge, une course contre la montre. Aujourd'hui, quand j'y repense, je suis presque heureux de l'avoir vécu, car j'ai cette corde supplémentaire à mon arc. Quand je reviens de Tokyo avec la médaille d'or, je vais voir Régis, Kiki et Saïd. On se fait un gros hug, on célèbre ça entre nous. Le staff du PSG est, pour moi, le meilleur du hand mondial. Ce sont des gens à la fois compétents, passionnés et dévoués. On ne croise pas de telles personnes partout.

# LA VIE DE JOUEUR BLESSÉ

**Niko :** Aujourd'hui, les calendriers sont de plus en plus denses. On joue tous les trois jours. Pendant la saison, on n'a quasiment jamais le temps de régénérer nos corps. Paradoxalement, certaines blessures servent à ça. Ce sont des petits moments de répit qui permettent de se retaper.

**Luka :** Entièrement d'accord. J'ai toujours vu les moments d'arrêt comme des périodes actives. Je me dis : « Cette partie du corps bloque, alors profites-en pour travailler une autre. » On cherche sans cesse à progresser. Quand je suis blessé, je rattrape le temps perdu, j'explore des domaines un peu délaissés qui permettent de revenir encore plus fort.

**Niko :** Finalement, il n'y a rien de pire que le flou quand on est blessé. Quand on connaît les protocoles, on les valide et ça file tout droit. Mais il reste des blessures mystérieuses, pour lesquelles on manque encore d'informations. J'ai, par exemple, fait une commotion cérébrale en 2022. J'étais out pendant un mois, avec des symptômes de dépression, de gros maux de tête et une hypersensibilité au bruit, au point de ne pas pouvoir me trouver dans la même pièce que mes enfants trop longtemps. Je suis allé voir différents spécialistes, et j'ai eu la sensation qu'on connaissait encore mal cette blessure. Ce flou est angoissant. Je m'en suis sorti un peu grâce à mes propres recherches, avec de la méditation et de la marche en forêt. Mais pour certaines blessures, il n'y a pas de vérité, et on tâtonne encore.

**Luka :** Heureusement, quelque chose s'est avéré très précieux dans nos carrières : notre précocité sportive. À 10 ans, on faisait des abdos et des haltères dans notre chambre. On a façonné notre armure très tôt. Ça nous a aussi aidés à faire des carrières longues, sans trop de blessures. Niko est encore là à 40 ans. Avant le Mondial 2021, il n'avait jamais raté une compétition internationale avec l'équipe de France. C'est fou. Pour moi, sa carrière est de l'ordre du surhumain. C'est un modèle.

**Niko :** Nous avons aussi bénéficié des conseils de Papa. Dès notre enfance, il nous a inculqué l'importance des à-côtés du handball : récupération, étirements, travail physique, course et entretien pendant les vacances...

**Luka :** Et pour tout ça, faire du handball avec son frère, c'est une grande chance. Ça a créé une émulation.

**Le pire, c'est le flou.**

Ivry-PSG, 2020.

inetum.
positive digital flow
inetum
A
15

# L'ÉVOLUTION DES TRAITEMENTS

**Niko :** Depuis mes débuts, de grands progrès ont été réalisés sur le plan médical. C'est le jour et la nuit. L'une des clés de notre réussite est qu'on a constamment cherché à s'améliorer. Cette quête a été accompagnée par les staffs, au gré des évolutions de leurs méthodes. Je n'ai jamais eu une mauvaise hygiène de vie mais aujourd'hui, je fais attention à tout : ce qu'il y a dans mon assiette, comment je dors… Je fais aussi beaucoup de méditation et de relaxation. Toutes ces méthodes sont venues se greffer au cours de mon parcours et m'ont permis de trouver un lien entre mon comportement sur le terrain et celui que j'ai dans la vie de tous les jours. Au début de ma carrière, je m'énervais beaucoup pendant les matchs. C'est en pratiquant la relaxation que j'ai corrigé ça. Aujourd'hui, il y a bien moins de chances que je m'ouvre le pied en shootant dans une bouteille d'eau !

**Luka :** Le domaine où cette évolution est la plus visible reste la prévention des blessures, notamment avec les préparations physiques. Aujourd'hui, les protocoles sont multiples et précis.

**Niko :** On a vu des préparations physiques concoctées par des entraîneurs qui n'étaient pas spécialistes et qui proposaient des exercices beaucoup trop durs, avec les mêmes charges pour tout le monde. Désormais, c'est très pointu, calibré et adapté à chacun. La préparation physique s'est individualisée.

**Luka :** Le phénomène est assez similaire avec les protocoles de soin, toujours plus divers et adaptés. Le sportif est aujourd'hui beaucoup plus accompagné.

**Niko :** La professionnalisation du handball a conduit à une augmentation de ses moyens, notamment en ce qui concerne le staff médical. Les kinés sont de plus en plus nombreux.

**Luka :** Même s'il reste plein de « petits » clubs où ce n'est pas encore suffisant…

**Niko :** En parallèle, les mentalités ont changé. À mes débuts, beaucoup de joueurs rechignaient au travail physique. Aujourd'hui, en équipe de France, il n'y en a pas un qui n'est pas physiquement ultra-prêt. Tous sont également conscients de l'importance de la préparation invisible. Si j'ai pu jouer jusqu'à 40 ans, c'est à la fois grâce à notre hygiène de vie mais aussi grâce à la progression de notre sport sur ces questions. Cela permettra, en plus, de mieux vieillir que certaines générations.

**Luka :** Tout cela rend l'après-carrière plus rassurant, même si l'état de nos corps dépendra, avant tout, de nous. L'une des clés est de ne pas se relâcher. Niko le dit souvent : « À 20 ans, on a le corps dont on hérite et à 40 ans, on a celui qu'on mérite ! »

## Le jour et la nuit depuis nos débuts.

En stage à Doha avec le PSG en 2015 (en haut) et avec Didier Dinart et l'équipe de France à la Maison du handball en 2019 (en bas).

# BHAKTI ONG TELLEMENT PLUS QU'UN AGENT

**Nikola et Luka Karabatic partagent le même représentant, Bhakti Ong. En activité depuis 2005, cet ex-handballeur est devenu un agent chevronné et expert. Mais sa relation avec les deux frères outrepasse le cadre professionnel. Il représente, pour eux, une oreille précieuse et un regard fin. « C'est un membre de la famille », disent-ils.**

**Niko :** Bhakti est un membre à part entière de la famille. Il a toujours été dans ma vie, à tel point que je ne me souviens même plus précisément de notre rencontre. Ça doit remonter à mes 17-18 ans, quand Montpellier a voulu me faire signer un contrat professionnel. Un tas d'agents plus ou moins bien intentionnés s'étaient alors rapprochés de moi. Travailler avec Bhakti s'est imposé comme une évidence. Il s'occupait de nombreux joueurs de l'équipe de France, ainsi que de certains coéquipiers à Montpel'. Tous m'en avaient dit du bien. On s'est rencontrés à quatre, avec Papa et Maman, et on ne s'est jamais quittés. Ensemble, on a décidé des premières grandes orientations de ma carrière.

**Luka :** Ma situation est un peu différente. Je n'ai pas démarré avec Bhakti. À mes débuts à Montpellier, j'avais un autre agent : Andrej Golic, un ancien joueur du club. Puis, il y a eu l'affaire des paris, un moment très compliqué pour nous. Là, on a décidé de se resserrer, avec notre cercle de très proches.

Bhakti en fait partie, donc c'est à ce moment-là que je me suis rapproché de lui. Il a été très important lors de cette période. Depuis, on a développé une relation de grande proximité. On a créé beaucoup de connexions, notamment lorsque j'ai joué à Aix, son club de cœur.

**Niko :** Un bon agent, c'est d'abord quelqu'un qui est détenteur de la licence. Il y en a encore beaucoup qui ne l'ont pas dans le hand français... Ensuite, c'est bien sûr la qualité de négociation de contrats. Elle passe par une bonne connaissance des rouages du handball. Mais pour moi, le plus important est que l'agent sache présenter les différentes options à son joueur, telles qu'elles sont, sans mettre son intérêt personnel en priorité, sans influencer. Bhakti excelle dans ce domaine. Après, il y a l'accompagnement au quotidien et c'est quelqu'un de très engagé et investi auprès de ses joueurs. C'est aussi ce qui fait sa force.

**Luka :** En plus, il a un rôle à 360 degrés, puisqu'il est aussi agent d'image. Il a beaucoup compté dans ton rayonnement médiatique et dans tes contrats de sponsoring, Niko.

**Niko :** C'est vrai. On a défriché ensemble. Après Jackson, j'ai été l'un des premiers joueurs de hand à signer des contrats avec des partenaires ou à apparaître dans des pubs TV. À travers mon image, on a réussi à faire rayonner notre sport en France, à le rendre plus populaire. Bhakti a été une interface déterminante. Mais il est plus qu'un simple agent. Il a toujours été présent pour nous. Il est vite devenu LA personne de confiance. Il ne se passe pas une semaine sans que je l'aie une ou deux fois au téléphone. Et cela même quand il est en vacances, au grand dam de son épouse Martine ! Bhakti est une bible du handball. Quand tu l'appelles pour une question parfois sans rapport, le sujet revient toujours.

**Luka :** Il connaît très bien le sport de manière générale, et bien d'autres sujets. Il est, par exemple, un grand fan de culture américaine.

**Niko :** Bhakti a eu plusieurs vies, dont celle de handballeur. Il nous a récemment raconté qu'il avait même joué contre Papa. Il parlait d'une action où il partait en contre-attaque et où Papa, dans les cages, avait fait un arrêt de fou. Il a même la vidéo. Il ne nous l'avait jamais dit en vingt ans ! Bhakti nous surprendra toujours. En 1995, avec Laurent Munier et Éric Quintin, ils ont inventé le sandball, le handball de plage !

**Luka :** Son œil sportif et sa grande connaissance de notre sport sont précieux. Tu sais que tu peux débriefer tes matchs avec lui, car il les aura forcément vus.

**Niko :** Cela fait plus longtemps que nous qu'il fait du handball. Il a ce côté historien, avec plein d'anecdotes. Quand il m'a parlé du projet de ce livre, je lui ai dit que c'est lui qui aurait dû l'écrire ! C'est un passionné. Il aime l'échange, la discussion, la transmission. Tu le lances sur un sujet, il peut t'en parler une demi-heure. Tu n'as jamais l'impression de le déranger, au contraire. Et c'est un superstitieux : il a ses « lucky boots ». Les jours de finale, il met toujours les mêmes santiags ! Elles lui ont plutôt porté chance jusqu'ici.

22
13
GORBOK
13
NDF

# NOS GESTES FAVORIS

Le handball regorge de gestes techniques, spectaculaires, efficaces, capables de débloquer une action et faire basculer un match. Décryptage avec deux experts qui expliquent comment les réaliser, mais aussi tenter de les empêcher.

# LE CHABALA, UN « MOMENT SUSPENDU »

**C'est une poésie, la feinte d'un tir puissant qui se transforme en petite caresse angélique. Le « chabala », dont l'étymologie française reste un mystère, date des années 1980. Sa paternité est attribuée au Polonais Daniel Waszkiewicz.**

**Niko :** C'est un geste que j'ai toujours beaucoup apprécié. Il me rappelle Éric Quintin, l'un des premiers Français à tenter ce genre de mouvements un peu barjots. Après lui, deux Croates que j'adorais le réussissaient bien : Patrik Cavar et Irfan Smajlagic. Le « chab' » est longtemps resté une spécialité d'ailiers. Je dois dire que je suis assez fier de le maîtriser, surtout quand j'entendais dire que je n'étais qu'un bourrin… Au poste d'arrière, le « chab' » peut être très utile dans des situations où l'on arrive fort aux six mètres, un moment où les gardiens ont tendance à exploser devant nous. C'est surtout le cas des Scandinaves et des Allemands. Donc, avant chaque match en club, je regardais la nationalité du gardien en face. Allemand ou Scandinave ? Chabala possible !

**Luka :** Le spécialiste actuel du geste en équipe de France, c'est Hugo Descat. Là, on a un beau spécimen de chabala !

**Niko :** Pouvoir faire passer la balle tout doucement au-dessus de la tête du gardien, impuissant, qui arrive pleine balle, c'est jouissif. Le chabala est un moment suspendu. Tu as l'impression de capturer le temps. On passe au ralenti.

**Luka :** Les langues résument bien son élégance. En yougo, un chabala se nomme « *suhi list* », que l'on pourrait traduire par « feuille morte ». En allemand, c'est « *leger* », qui veut dire « décontracté ». En espagnol, c'est « *vaselina* », avec cette idée d'ondulation.

**Faire passer la balle tout doucement au-dessus de la tête du gardien, c'est jouissif.**

Hugo Descat, le spécialiste du chabala, face à l'Espagne en 2022 et l'Argentine en 2024.

FRA 25
15
27
AVIS

25
CAISSE D'EPARGNE
BAR
87

# LE CONTRE, LE SAUVETAGE « FUN ET JOUISSIF »

**C'est une tactique défensive qui mise sur la répartition des tâches entre le gardien et le défenseur, qui couvrent ensemble les deux coins du but. Moins enseigné dans la formation française, le contre est incontournable en Allemagne, notamment.**

**Niko :** En France, on ne parle quasiment pas du contre, on ne t'apprend pas comment ça marche. C'est un truc que j'ai découvert avec Noka (*Serdarusic*) quand j'ai débarqué à Kiel. L'idée, c'est d'obliger l'adversaire à tirer à un endroit donné, qui sera couvert par le gardien. Un peu comme un bloc au volley ou un coup franc au foot.

**Luka :** Comme Niko, j'ai vraiment travaillé le contre avec Noka. Avant, je sautais, je levais un peu les bras mais il n'y avait pas toute cette technique.

**Niko :** Quand tu débutes en France, on t'apprend à aller toucher le mec en face. Il faut l'attraper, faire une faute, être hyper agressif pour le neutraliser. En arrivant en Allemagne, on m'a dit : c'est bien mais nous, ce n'est pas ce qu'on veut. Ils étaient agressifs dans les neuf mètres mais si tu voulais tirer, ils te laissaient tirer. Avec le contre, le gardien savait quel côté de la cage il devait prendre et laissait l'autre au joueur. À l'entraînement, si le gardien prenait un but de son côté, c'était dix pompes ou deux sprints pour lui, si c'était de ton côté, c'était pour toi...

**Luka :** Si tu étais défenseur, Noka te faisait aussi faire cet exercice où tu as quinze joueurs en face de toi qui prennent des tirs, en appui, en sautant... Tu prenais cinquante tirs d'affilée, tu devais apprendre à bien te placer... C'est aussi une question de timing, si tu sautes trop tôt ou trop tard, tu vas te faire dépasser. Parfois, c'est un peu un « move » de gardien, il faut se servir des bras et ne pas avoir peur de la balle. Être grand aide à réaliser ce geste.

**Avec Noka, tu prenais cinquante tirs d'affilée...**

France-Tunisie, JO 2016.

13
16

# Le jour où j'ai réussi à contrer Daniel Narcisse, j'étais comme un fou !

**Niko :** C'est pour ça que sur les positions 3-4, au centre des défenses 6-0, il est préférable d'avoir des grands gabarits, capables de contrer ces tirs...

**Luka :** Une fois sur deux, tu vas contrer, la balle part en touche et revient à l'adversaire, c'est un peu frustrant. Quand tu contres et qu'en plus, tu récupères la balle, ça te permet de partir en contre-attaque. Là, c'est vraiment une bonne sensation, c'est fun et jouissif !

**Niko :** Ça peut mettre un coup de massue aux attaquants...

**Luka :** Je me souviens de l'un de mes premiers contres marquants, avec Montpellier en demi-finale de la Coupe de la Ligue à Miami, en 2009 contre Chambéry (31-27). J'ai réussi à contrer Daniel Narcisse. J'avais attendu, sauté dans le bon timing et je l'avais contré, ça avait fait un bruit... J'étais comme un fou d'avoir réussi ça face à Toumout'. Je ne sais pas s'il s'en souvient, lui !

France-Argentine, JO 2016.

# LA ROUCOULETTE, SPECTACULAIRE ET POPULAIRE

**C'est un spectacle à lui seul, un geste qui fait lever les foules. Au moment de tirer, le joueur donne un effet de rotation à la balle grâce à un mouvement rapide du poignet. Le ballon contourne le gardien et file vers le deuxième poteau. Un régal pour les spectateurs, une éternelle frustration pour l'adversaire.**

**Niko :** La roucoulette, moi, je ne la maîtrise pas du tout !

**Luka :** Moi non plus !

**Niko :** C'est un geste vraiment spécifique au handball, très dur mais très beau, très populaire. Il est très apprécié des ailiers mais aussi des fans.

**Luka :** Il y a la roucoulette normale et la roucoulette inversée, les deux sont emblématiques.
La deuxième est presque plus belle à mes yeux. Uwe (*Gensheimer*) est pour moi le maître de ce geste. La manière qu'il avait de positionner son bras, de tenir le ballon, c'était impressionnant. La plus belle roucoulette que j'ai jamais vue, c'était lui. Même si Luc (*Abalo*) est aussi un grand spécialiste.

**Quand tu les rates, tu peux te faire caresser les oreilles...**

**Niko :** Moi, je me souviens de la roucoulette des Danois Lars Christiansen et Nikolaj Jacobsen, le coach actuel de l'équipe nationale. Ce sont les premiers que j'ai vu faire la troisième roucoulette, parce qu'il y en a une troisième... C'est la seule que je savais faire, à Kiel, à l'époque où je tirais les penalties.

**Luka :** Et puis, il y a le mix, l'hybride entre la roucoulette et le chabala, le roucouchab. Celui-là, il ne faut pas le rater...

**Niko :** C'est toute la difficulté de ces gestes techniques. Quand tu les tentes et que tu les rates ou que tu te fais prendre la balle, tu as toute ton équipe et ton coach sur le dos. Certains coachs ne les autorisent qu'aux joueurs qui savent vraiment les maîtriser. Les autres se font caresser les oreilles dès qu'ils tentent... Mais ces gestes peuvent être décisifs car c'est une manière de contrer les gardiens qui t'explosent au visage, qui prennent tout l'angle de ton bras et qui se positionnent bien. Aujourd'hui, pour les ailiers, ça fait partie du panel de shoots.

Luc Abalo, Nantes-PSG, 2018.

19
QNB

# LE KUNG-FU, LA COMBINAISON AÉRIENNE

**C'est une connexion céleste : un joueur passe la balle à un autre qui la reçoit en extension, souvent au-dessus de la zone, et qui finit par tirer. De l'autre côté du Rhin, le kung-fu s'appelle « Kempa », parce qu'il a été inventé par Bernhard Kempa, joueur allemand des années 1950, devenu entraîneur de... l'équipe de France, en 1958.**

**Niko :** C'est un geste qu'on aime beaucoup faire avec Nedim (*Remili*) en équipe de France. On l'a énormément travaillé ensemble au Paris Saint-Germain, il faut être très précis au niveau du timing entre les deux arrières. Il y a beaucoup de jeu sans ballon aussi. Ce ne sont pas des gestes qu'on invente comme ça. Après, ça devient plus naturel, il y a une connexion qui se crée.

**Luka :** C'est un peu l'équivalent du alley-oop du basketteur...

**Niko :** Le kung-fu part d'une erreur de la défense, d'un espace qui s'ouvre. Quand Nedim m'en envoie un, je cours dans l'espace et en même temps, je regarde s'il m'a vu. Je dois anticiper le fait qu'il ne m'a peut-être pas vu, ça arrive souvent. Ça se joue à une demi-seconde, on a raté l'ouverture, ce n'est pas grave, mais il faut que j'aie le temps de freiner, de m'arrêter avant la zone.

**Luka :** C'est difficile de défendre sur un kung-fu. Au centre, tu ne peux pas faire grand-chose, car c'est une action qui démarre sur les côtés. Donc, à moins d'avoir vraiment anticipé, c'est très difficile d'intervenir. Tu es plus frustré qu'autre chose, en fait.

**Niko :** Il y a eu un kung-fu marquant aux JO de Pékin, en 2008, entre Daniel (*Narcisse*) et Micka (*Guigou*), contre la Croatie. Cela part d'un corner à gauche, ils sont très, très hauts sur nous, je pense qu'il y a presque bras levé. Micka envoie la balle, Daniel arrive à sauter, à l'attraper à une main. Mais pour l'attraper, il est obligé de se tourner donc il est dos au but et il arrive à marquer par-derrière. Il a un peu de réussite ! À cette époque-là, on ne voyait pas souvent ce genre d'actions, ça se fait beaucoup plus aujourd'hui parce que les défenses ont aussi un peu changé. Il y a pas mal de coachs espagnols sur le marché, donc les défenses sont toutes un peu à l'espagnole, avec des défenseurs qui sortent beaucoup des alignements. Ce qui fait qu'on voit bien plus de kung-fu entre arrières, maintenant.

PSG-Wisla Plock, Ligue des champions 2023.

**Luka :** C'est vrai qu'aujourd'hui, on en voit très peu avec un arrière qui va jeter à un ailier. Même si tu en as fait deux mémorables au PSG avec Mathieu (*Grébille*) et Benoît (*Kounkoud*).

**Niko :** Oui, ce sont mes deux plus beaux « buzzer-beaters » avec Paris. Dans ces cas-là, le kung-fu est annoncé, on le prévoit juste avant, lors d'un temps mort. Ça ne se fait pas à l'instinct. En tant que coéquipier, par contre, je peux être énervé sur les kung-fu avec deux ailiers... Même s'ils assurent le contraire, ils les ratent très souvent. Je me souviens, quand on est arrivés à Aix-en-Provence avec Loulou, d'avoir mis des coups de pression à ce sujet. Ils avaient écrit le mot « spectacle » sur les paperboards et je leur ai dit : « Mais ça va pas ou quoi ? On est en train de jouer le maintien et vous envoyez des kung-fu comme ça... » Il ne faut pas brider la créativité, mais il ne faut pas faire n'importe quoi non plus.

## Mes deux plus beaux « buzzer-beaters » avec Paris !

# LE SCHWENKER, L'ART DE « CONTOURNER LE CONTRE »

**C'est une fausse intention, et l'un des rares gestes dont le nom provient d'un joueur : Hinrich Schwenker, joueur de la RFA des années 1950, à l'époque où le hand se jouait à onze contre onze, sur l'herbe. Il consiste à sauter, feinter le tir, effacer son adversaire puis repartir en dribble.**

**Luka :** C'est l'un de tes gestes signatures, Niko.

**Niko :** C'est vrai que j'ai toujours aimé l'utiliser, comme beaucoup de Yougoslaves. Il n'est pas si difficile à réaliser, il nécessite seulement de garder son dribble quand on reçoit le ballon. Pour un arrière, c'est une arme redoutable pour contourner une défense qui aime contrer. Quand le défenseur est en l'air et que tu poses le dribble, il ne peut plus rien faire. Il est mystifié. Il atterrit au sol que tu es déjà parti. C'est un peu le même effet suspendu que le « chab' ».

**Luka :** Défendre un Schwenker, c'est une question d'instinct collectif. C'est rarement le défenseur visé qui récupère le ballon, mais celui qui est à côté et peut anticiper la zone où l'adversaire va poser son dribble après la feinte. Celui-ci est alors comme un chien, le regard obsédé par la balle, afin d'anticiper le bon timing de rebond. Ça se joue dans un laps de temps très court, donc il faut connaître les préférences de ses adversaires sur le bout des doigts.

**Niko :** Le Schwenker est un geste propre au handball. Le kung-fu a un frère de basket : le alley-oop. Le contre, c'est comme un bloc au volley. Le chabala, c'est l'équivalent d'une Panenka dans le football. Mais le Schwenker n'en a pas. Au basket, sauter puis repartir en dribble n'est pas autorisé.

**Luka :** Et à l'inverse de Kempa pour le kung-fu, Schwenker se dit dans toutes les langues, même si la prononciation diffère en fonction des pays.

## Il faut connaître ses adversaires sur le bout des doigts.

France-Norvège, Championnat du monde 2017.

13
21
bring
Gjensidige
Butagaz

# LE PROFIL DU

**Le mental de Thierry Omeyer.** Il a un esprit de compétition poussé à son extrême. Un mental d'acier.

**Le poignet droit d'Hugo Descat.** Le joueur qui maîtrise le mieux le chabala, un de nos gestes préférés.

**Le bras droit d'Elohim Prandi.** C'est simple : on n'a jamais vu quelqu'un envoyer des tirs aussi forts, aussi puissants.

**La défense de Didier Dinart.** Il était quasiment impossible à passer en un contre un, très bon en contre, à la passe au pivot.

**Les feintes de Jackson Richardson.** Il était très dur à attraper dans le un contre un, hyper rapide, hyper mobile. Il a même fini meilleur buteur d'une compétition en ne jouant qu'en défense.

**La détente de Daniel Narcisse.** Son surnom, c'est Air France, ça veut tout dire !

# JOUEUR PARFAIT

**Le physique de Ludovic Fabregas.** Il est capable de jouer en attaque et en défense pendant une heure. C'est un roc.

**Le poignet gauche de Stéphane Stoecklin.** Quelle technique impressionnante : il tirait dans des positions incroyables et était très beau à voir jouer.

**La vitesse de Michaël Guigou.** Il était très rapide ballon en main, mais aussi très agile.

**Le sens de la passe de Nedim Remili.** Il arrive à toujours bien situer son corps et parvient à faire des passes même dans les moments où ça semble impossible.

**Le bras gauche de Dika Mem.** Il est tellement puissant qu'on dirait qu'il envoie des fléchettes. Un bras exceptionnel.

**La créativité de Luc Abalo.** C'est un instinctif, un créateur. Ce qu'il faisait sur le terrain, il n'y a que lui qui pouvait le faire. Il était toujours surprenant.

**La férocité de Bertrand Gille.** C'était un dur au mal. Un guerrier, un combattant sur le terrain. Il avait une énergie et une hargne débordantes.

# NOS RITUELS ET FÊTES

Ces moments sont rares. Le temps d'une soirée, le sportif de haut niveau abandonne la rigueur et la discipline qui composent son quotidien pour redevenir un éternel enfant.
Les rituels d'intégration et les fêtes jalonnent la carrière des frères Karabatic.
Ils représentent de précieuses échappées, car ils créent des souvenirs communs pour la vie.

Bizutage de Niko en équipe de France.

## Hulk et Passe-Partout sur le Vieux-Port

**Niko :** Lors de mes débuts en équipe de France, chaque nouveau sélectionné avait droit à son processus d'intronisation. Le mien s'est passé avec Michaël Guigou. C'était en juin 2003, on revenait d'un match de qualifications pour l'Euro en Grèce. Notre vol retour atterrissait à Marseille. Là-bas, on avait dû se déguiser, lui en Passe-Partout, moi en Hulk. Sacré contraste ! On s'est baladés comme ça sur le Vieux-Port. J'avais de l'argile verte partout sur le corps et j'étais seulement vêtu d'un short, que Greg Anquetil s'était amusé à déchirer. On allait dans les restaurants, on dansait avec les touristes... C'était génial. Je pense que cette journée a marqué Micka. Derrière, il a veillé à ce qu'on respecte cette tradition, qui remonte à l'époque des Barjots.

## Torses nus sur le comptoir d'un bar

**Luka :** Pour mon rituel d'intégration, j'avais dû, de mon côté, me déguiser en un personnage de *Game of Thrones*. Mais ce qui m'a le plus marqué, c'est la pré-intronisation, car il y avait plusieurs étapes... C'était en 2015, lors de ma deuxième compétition avec l'équipe de France. On dispute le dernier tournoi de préparation à Nantes avant de partir au Qatar pour le Mondial. Le soir d'un match, on atterrit dans un bar

Avec Vincent Gérard après la victoire en Coupe de France contre Nantes en 2022.

pour un repas d'équipe. Micka vient voir Val' (*Porte*), Mathieu (*Grébille*) et moi. Il pointe une petite scène avec un chanteur et un musicien et nous dit : « Les gars, à la fin du repas, c'est vous sur la scène. »

**Niko :** Micka est le dernier à avoir entretenu cette tradition. Ça s'est perdu depuis.

**Luka :** Pendant le repas, je sens la pression monter. On commande un verre, histoire de se donner un peu de courage. Toute l'équipe nous suit. Vient le moment de grimper sur scène. On danse, on chante et la soirée part en vrille. On finit par passer derrière le bar et servir tout le monde. Puis on se retrouve torses nus à danser sur le comptoir. Le bar ferme, direction une boîte de nuit. On longe la Loire, on fait n'importe quoi, comme des gosses. Avec Kentin (*Mahé*), on trouve des skis sur la route. On les essaye, tout le monde se marre. Ce soir-là, Niko est en mode grand frère. Il fait gaffe et siffle finalement la fin de la récré à 5-6 h du matin.

**Niko :** D'ailleurs, c'est ce soir-là que tu laisses ta carte Vitale à l'hôtel, non ?

**Luka :** Oui, oui...

**Niko :** Dans certains hôtels, il faut mettre la carte de la chambre pour avoir la lumière. Ce soir-là, Loulou a confondu sa carte de chambre et sa carte Vitale. Le lendemain, on part, en la laissant là-bas !

**Luka :** Ça nous a porté bonheur. On a fini champions du monde au Qatar !

Le Grand Journal, Canal Plus, 2009.

Luka avec Kentin Mahé et Valentin Porte après la victoire contre la Norvège en finale du Championnat du monde 2017

# Champions du monde devant le Super Bowl

**Niko :** En 2015, on gagne le Mondial au Qatar. Faire la fête à Doha, ce n'est pas le plus simple. L'après-match se déroule à l'ambassade, très sympa. Puis la soirée se prolonge dans la chambre de « Tchouf » (*Cédric Sorhaindo*), à manger des burgers et boire des bières devant le Super Bowl. Un match mythique, cette année-là, entre Seattle et les Patriots.

**Luka :** Je prends toujours mon vidéoprojecteur en compétition. Janvier correspond à la période des play-off en NFL. On regarde souvent les matchs dans la chambre avec Niko. Ça fait partie de nos petits rituels.

# La tradition des ballons

**Luka :** En équipe de France, le joueur qui compte le moins de sélections a pour mission de porter les ballons. En 2014, Vincent (*Gérard*) et moi débarquons avec, chacun, très peu de capes. Titi (*Omeyer*) se blesse au début de la compétition, et Vincent joue en tandem avec Cyril (*Dumoulin*). Je me coltine donc les ballons. Sauf que Titi revient, Vincent sort de la feuille de match, et je joue, au point de repasser devant lui au nombre de sélections. Là, je me retrouve face à un dilemme : je n'ose pas lui dire, vu que je suis là depuis peu, alors que Vincent est déjà un gardien confirmé. En plus, il est en tribunes lors des matchs, donc ce n'est pas forcément un moment facile pour lui... Mais je sais que j'ai le droit de lui donner les ballons ! Alors j'en parle à Niko, qui me dit...

**Niko :** « C'est la règle, parle-lui, t'as pas de scrupules à avoir ! »

**Luka :** Donc à la fin du match suivant, je me rapproche de Vincent, en crabe, et je lui dis. Je ne me souviens pas de sa réaction, car je n'ai pas dû le regarder dans les yeux !

# Chers plateaux TV

**Niko :** Après la médaille d'or aux JO 2008, Canal+ nous demande de venir sur la dernière émission. Il est prévu qu'ils démontent leur plateau à la fin, mais quelqu'un a finalement l'idée de nous proposer de le faire à leur place. C'est un moment énorme. On met du strap sur le présentateur, Frédéric Brindelle, on porte Daniel (*Narcisse*) pour qu'il arrache le lustre... En revanche, cette histoire de plateaux va provoquer une polémique en 2012 avec La Chaîne L'Équipe. Je comprends, sur le coup, qu'on me demande de faire la même chose... Disons qu'il y a eu quiproquo. De 2012, je préfère retenir la fête au Club France. On saute dans le public, qui nous porte en triomphe. Comme des rock stars !

# Une boîte de nuit dans les airs

**Luka :** En 2016, on fête la médaille d'argent aux Jeux avec tous les athlètes au Club France. Durant la compétition, comme le village olympique était excentré, on n'a rien pu voir de la ville, donc on a envie de profiter de Rio pour ce dernier soir. La soirée s'étire jusqu'au petit matin, où on veut se baigner à Copacabana. On est super motivés et là, il se met à pleuvoir des cordes. Loupé. On rentre dormir au village.

**Niko :** On prend l'avion pour retourner en France le lendemain.

**Luka :** Et la tradition veut que tous les médaillés olympiques voyagent en business. Ce jour-là, je suis exténué, donc je me dis que ça va être parfait pour dormir. Je m'installe, tout va bien. Mon voisin médaillé a une enceinte. Il met de la musique dessus, ça commence à boire des coups. Très vite, je sens une atmosphère spéciale. C'est palpable : on ne va pas dormir, il va se passer un truc. La musique est de plus en plus forte, nos sièges deviennent le DJ set d'un bar.

**Niko :** La classe business se transforme en discothèque. Le personnel rapporte du champagne. Super ambiance.

**Luka :** Ça commence à danser, à sauter. Je me souviens m'être demandé jusqu'à quel point ça allait partir en vrille...

**Niko :** Heureusement que l'avion était costaud !

Tokyo : la joie des Bleues, sacrées championnes olympiques...

# Quand les filles demandent aux garçons de baisser le son...

**Niko :** En 2021, à Tokyo, on fête d'abord le titre dans les vestiaires, puis dans le bus. Bières, musique à fond, chants : superbe ambiance. On arrive au réfectoire du village olympique à minuit passé. On continue dans cet esprit, quand l'un des membres de l'organisation japonaise arrive. Il nous dit qu'on n'a pas le droit de boire des bières, ni de faire du bruit. Le gars refroidit carrément l'ambiance.

**Luka :** On ne comprend pas. Le réfectoire fait 4 km de long, il n'y a pas un chat. C'est absurde.

**Niko :** Tant pis, on sort. Dehors, il pleut. Un déluge. Pas d'autre choix que de poursuivre la soirée dans les chambres et sur les balcons. Les volleyeurs, tout juste sacrés champions olympiques, rappliquent, suivis par des membres du staff du basket, comme Boris Diaw. On refait le monde, on met de la musique.

**Luka :** Et là, il y a deux-trois filles de l'équipe de hand qui arrivent. Elles dorment juste en dessous. Elles sortent et nous demandent de baisser la musique...

... sous les encouragements des garçons.

**Niko :** Elles jouent leur finale olympique le lendemain ! On culpabilise un peu… L'après-midi, on décide d'aller les voir et de les encourager à fond. Ce n'est pas rien, car les tribunes sont vides à cause du Covid.

**Luka :** On met l'ambiance, on chante tout le match. Et elles gagnent !

**Niko :** Au retour, on fait la fête tous ensemble dans l'avion, de nouveau transformé en boîte de nuit. Ce sont des moments d'autant plus spéciaux qu'avec les filles, on ne se croise quasiment jamais.

**Luka :** On a énormément d'admiration pour ce qu'elles font, on regarde leurs matchs, mais on ne les voit pas souvent. À Tokyo, il y a eu un déclic. Ces JO ont créé un lien fort et le sentiment de faire partie de la même équipe.

**Niko :** Je me souviens de la finale du Mondial 1999, à Lillehammer, que les Bleues perdent d'un rien contre la Norvège après deux prolongations. On avait regardé le match pendant un tournoi de tennis de Loulou, à Sète. C'était la génération de Valérie Nicolas, Véronique Pecqueux, Isabelle Wendling… Elles ont vraiment lancé et inspiré les générations suivantes, comme les Barjots l'ont fait pour nous !

# Kiel et le balcon de la Rathausplatz

**Niko :** Je me souviens d'une autre fête mémorable, des années avant, à Kiel, lorsqu'on gagne la Ligue des champions en 2007. Ce qui fait, aussi, la grandeur de ce club, c'est la manière dont il célèbre ses titres. On défile dans la ville sur des voitures cabriolets, jusqu'au balcon de l'un des bâtiments de la Rathausplatz. Elle est pleine à craquer. Entre 20 000 et 30 000 personnes sont présentes. Le club installe aussi une scène de concert sur la place. On y descend, on chante et on danse toute la nuit avec le public. Ça m'avait frappé. Pour un handballeur français, à cette époque-là, c'était totalement inhabituel.

# La der de Niko à l'Accor Arena

**Niko :** Ah, ce match... Mon dernier avec le PSG, délocalisé pour l'occasion à l'Accor Arena à Bercy, une salle mythique. Jouer le titre sur cette rencontre me permet de rester bien concentré. Surtout que l'équipe en face, Aix-en-Provence, c'est costaud. Pendant la rencontre, j'essaye de me couper de mes émotions. Je n'oublierai jamais le tifo que les Ultras du PSG ont fait. Immense, incroyable, du jamais-vu dans une salle de hand. Une fois le titre validé, je me relâche et je savoure. On entre sur le terrain avec Loulou, tout un symbole. Tout le monde est là : la famille, les amis, d'anciens coéquipiers... Toutes ces images resteront gravées dans ma mémoire. Les yeux de mes enfants qui brillent. Les larmes de Géraldine, ma compagne, et de Maman. Le regard de Noka (*Serdarusic*), venu exprès de Croatie. Le tableau que m'a peint et offert Luc (*Abalo*), superbe. Le gros câlin plein d'émotions avec Titi (*Omeyer*) et Daniel (*Narcisse*). C'était trop bien, tout simplement.

En haut à gauche : Avec Titi Omeyer.

PARIS
LNH

QNB

LIQUI MOLY

# NOS CINQ RÉFLEXIONS POUR LE HANDBALL DE DEMAIN

## La médiatisation :

### « Continuer d'élargir le spectre mais garder les pieds sur terre »

**Luka :** Le hand doit continuer à grandir sur le plan médiatique, en élargissant le spectre de sa couverture télé, au-delà des phases finales des grandes compétitions. Il faut que l'ensemble d'une compétition internationale soit retransmis en clair, comme c'est le cas dans le foot et le rugby. Les équipes de France sont bien suivies, mais on peut aller encore plus loin.

**Niko :** Les résultats ont grandement contribué à cette ferveur, qu'il s'agisse des garçons ou des filles. Les salles sont remplies. On sent un vrai engouement pour les Bleu(e)s.

**Luka :** On voit aussi une nouvelle façon de consommer le sport, avec l'arrivée des plateformes comme Netflix. Il faut vivre avec son temps, prendre ce virage, tout en gardant notre authenticité, nos valeurs et notre proximité avec le public.

**Niko :** On a regardé certaines de ces productions. C'est presque une autre manière de raconter le sport. Bien sûr qu'on en veut toujours plus, mais je pense aussi que l'une des forces du hand, c'est de garder les pieds sur terre. De continuer à revendiquer cet esprit sport de préau, loin du star system. Il faut réussir à conserver ces racines, tout en développant notre image, sans courir après les millions d'euros ou de vues. Il ne faut surtout pas créer une bulle dans laquelle on dépendrait d'investissements à perte.

## La structure :

### « Consolider le championnat et installer de nouvelles places fortes »

**Niko :** Continuer à consolider notre championnat français, à l'image de ce qu'a fait le rugby, me semble primordial. Ces dernières années, on note un changement de dimension, avec l'arrivée du PSG. Même si le club n'a cessé de dominer le championnat, le niveau s'est resserré.
C'est une très bonne chose que des équipes comme Montpellier, Nantes ou Aix se développent, autour de vrais projets, avec la construction de nouvelles salles. Je pense aussi à Chartres ou Saran, qui se sont aussi dotées d'infrastructures modernes. Il faut que ces clubs se pérennisent, mais aussi que de nouvelles places fortes s'installent. Je pense notamment à l'Alsace, grande terre de hand, dont aucun club ne parvient à se maintenir dans l'élite. Le phénomène est identique à Lyon ou à Bordeaux.

**Luka :** Économiquement, il serait judicieux de construire encore plus de passerelles, afin de diversifier les revenus des clubs, pour les structurer. On en voit encore trop qui déposent le bilan.

**Niko :** On sent qu'il y a encore un effort de lobbying à faire, afin d'attirer les grands sponsors. C'est un travail de très longue haleine.

## Le jeu :
### « Un manque de clarté qui peut bloquer »

**Niko :** Avant toute chose, j'aimerais que notre sport soit moins figé. À chaque fin de saison, on devrait pouvoir réexaminer les règles, voir ce qui marche et ce qui marche moins. Je pense, par exemple, à la règle du septième joueur. Pour moi, elle a complètement changé la physionomie de notre sport. Ce n'est pas dans la philosophie du handball de pouvoir faire sortir les gardiens et faire entrer un septième joueur afin d'attaquer à un de plus. Cette règle a été essayée, détournée, et il faudrait pouvoir la rediscuter.

**Luka :** Notre sport est très technique. Les règles sont toujours perméables. Une même action peut avoir cinq interprétations différentes. Ce manque de clarté peut bloquer. Simplifier notre sport pourrait lui permettre de franchir un cap.

**Niko :** C'est fondamental pour le néophyte qui découvre le hand. Le jeu passif est, pour moi, complètement aléatoire. Tout comme les passages en force. Une autre piste : pourquoi ne pas changer le format des matchs ? Passer de deux mi-temps de trente minutes à des quart-temps, pour avoir un peu plus de pauses, car notre sport va très vite, peut-être trop.

## L'arbitrage :
### « Le sport le plus dur à juger »

**Luka :** Le hand est, à mon avis, le sport le plus difficile à arbitrer et juger au monde. On est quatorze sur le terrain, pour seulement deux juges. Impossible pour eux de voir tout ce qui se passe sur un terrain. Ils sont souvent critiqués, mais leur tâche est très difficile. Dans un premier temps, on aurait besoin d'un troisième arbitre. Je regarde énormément les sports US, où les arbitres sont plus nombreux. Certes, les erreurs sont encore présentes, mais il y en a beaucoup moins. Le hand devrait s'en inspirer.

**Niko :** Loulou a raison : le nombre d'arbitres est, selon moi, l'axe central de réflexion. Plus que la vidéo qui, comme tous les outils, dépend de la façon dont elle est utilisée.

**Luka :** Dans l'absolu, la vidéo est un progrès. Elle permet de gommer des incompréhensions, mais il ne faut pas qu'elle vienne perturber le rythme du match. Vu que notre sport est très technique, on pourrait faire appel à la vidéo lors d'une action sur deux. Le challenge est de trouver l'équilibre.

## La formation :
### « L'héritage des stages Karabatic »

**Niko :** Notre père a lancé ces stages, à l'époque de Frontignan, afin d'aider le club et ses entraîneurs à se développer, et on s'est emparés de cet héritage. C'est devenu un bel outil de transmission. Beaucoup de joueurs y sont passés. Je pense à Samir Bellahcene. Il était gamin quand il est venu s'entraîner, avec d'autres enfants, à Kiel. Il y a aussi Charles Bolzinger, Jean-Loup Faustin ou encore Léo Plantin. Quand on voit l'impact que ça a pu avoir pour eux, ça donne envie de continuer à s'investir. On se rend compte qu'on a la capacité de former de nombreux joueurs, mais aussi des entraîneurs.

**Luka :** Au-delà de la réussite professionnelle de ces exemples, ces stages permettent aussi d'aider les jeunes à grandir humainement. Lorsqu'on voit l'état actuel de la société, on se rend compte à quel point c'est une priorité. Le sport est un formidable levier pour élever et rassembler, apprendre à vivre en communauté et se respecter.

**Niko :** C'est une responsabilité pédagogique et éducative, qui nous parle encore plus depuis qu'on est devenus pères. Motiver ces enfants, leur délivrer des messages, leur permettre de s'éclater, de se faire des amis… Si notre image peut permettre d'inspirer, de promouvoir le hand et le sport, de manière générale, c'est une victoire magnifique. Par exemple, nos trois gardiens de l'Euro 2024 ont un lien avec nos stages ! On a parlé de Samir, mais « Debz » (*Rémi Desbonnet*) était coach sur nos stages quand il était plus jeune ; quant à Charles (*Bolzinger*), Papa était son parrain, on l'a quasiment vu naître avec Loulou !

# MAMAN

Maman, tu es un immense exemple pour nous. Tu as cette hargne en toi qui nous a toujours impressionnés. Papa était plus sage, presque philosophe. Toi, tu es plus pragmatique. Presque féroce. Tu nous as toujours appris à foncer, à avancer. « Peu importe la façon, ça va le faire, ça va passer. » Tu es animée par une volonté de fer.

Maman, tu es surhumaine. Tu avais obtenu un diplôme de médecin en Yougoslavie mais tu n'as pas pu passer les équivalences en France. Nous venions d'arriver, tu ne parlais pas encore la langue. Alors, tu t'es sacrifiée. Tu t'es occupée de nous. Tu as fait les vignes, l'été, à Frontignan, pour gagner un peu d'argent. Tu revenais le dos douloureux et les doigts tailladés. Puis, tu es devenue aide-soignante dans une maison de retraite médicalisée, tu travaillais la nuit. Enfants, on te voyait partir sans jamais te plaindre. Tu avais ton groupe d'amis au travail, tu faisais l'unanimité. Tu rigolais, tu partageais ta joie. Tu n'as jamais exprimé de frustration.

Maman, tu as souvent été dans l'ombre. Même lorsque nous faisions des barbecues à la maison pendant notre enfance. Vous aimiez recevoir avec Papa, il grillait la viande, il excellait dans ce rôle mais c'était sa seule mission. Toi, tu préparais tout le reste du repas. Pourtant, les invités disaient toujours : « Ah, merci Branko, qu'est-ce que c'est bon ! » Tu te permettais d'ajouter : « Et moi alors ? » C'était comme ça, Papa était dans la lumière, de par son statut d'entraîneur, de par sa carrière. Mais tu as eu un rôle essentiel auprès de nous. Plus on grandit, plus cela devient évident.

Maman, tu nous transmets ton amour et ton soutien, inconditionnels. Tu ne t'es jamais fâchée contre nous. Peut-être une fois ou deux quand l'un de nous tapait l'autre. Mais tu ne restes jamais énervée très longtemps. Quand Papa était dur avec nous, tu prenais notre défense. Tu as toujours été derrière nous, à nous aimer quoi qu'il se passe. Et tu n'as jamais hésité à faire 100 ou 200 km, dans une journée, pour nous accompagner, nous encourager.

Maman, tu as toujours été ambitieuse. Tu as cette volonté de réussir. Tu ne te laisses jamais décourager. Tu t'es battue pour ta famille, pour acheter la maison de notre enfance à Frontignan, pour construire notre foyer. On t'observait, tu nous inspirais. Dans les tournois de tennis de Luka, s'il y avait de l'animosité dans l'autre camp, tu n'hésitais pas à y aller, quitte à foncer tête baissée. À la maison, quand il y avait quelque chose à changer, c'est toi qui t'en chargeais. Tu attendais que Papa parte à l'entraînement et hop, c'était géré. C'est toi aussi qui as voulu déménager dans le Sud, alors que nous vivions en Alsace. Tu as induit ce chemin de vie qui a amené tellement de belles choses derrière...

Maman, tu es une émotive. Regarder un de nos matchs avec toi, c'est toujours quelque chose. Tu es du genre à sauter au plafond, à ne pas tenir en place. Si Papa était plus dans la retenue, toi tu débordes d'émotions. Malheureusement, tu sais aussi nous transmettre ton stress. Pendant quelque temps, on a même arrêté de t'appeler avant les matchs. Tu voulais nous motiver mais on pouvait sentir ton appréhension à travers le téléphone. Aujourd'hui, tu es toujours aussi nerveuse. Tu regardes toujours nos matchs deux fois. La première, tu as du mal à gérer tes émotions, tu vis intensément la rencontre et la deuxième, connaissant déjà le résultat, tu peux en profiter calmement. Tu es même capable de nous mettre un petit coup de pression par téléphone, avant un match de championnat d'Europe, parce qu'il y a un record individuel à battre. Tu disais : « Tire plus, tire plus. »

Maman, tu donnes tout pour ta famille, pour tes enfants. On aurait un million d'exemples pour le prouver. Petits, quand nous partions en Croatie avec nos cousines, tu allais t'asseoir par terre, derrière, pour que l'on ait les trois places de la banquette et celle à l'avant. Il fallait que ta famille soit bien installée et toi, ce n'était pas grave.

Maman, tu es désormais une formidable grand-mère. Ce rôle est fait pour toi. De « Lala » pour ta famille et tes amis, tu es devenue « Baka » pour eux, grand-mère en serbo-croate. Tu as du mal à leur dire non, tu te laisses parfois marcher sur les pieds. Mais c'est magnifique de t'observer avec eux.

Maman, on ne te l'a jamais dit : cette force en nous vient de toi. Ce feu intérieur qui te caractérise nous habite aussi. Nous n'aurions pas pu écrire toutes ces pages sans toi, ton soutien et ton courage.

Maman, merci pour cet appui sans faille et cet amour immense.

**Tes fils, Nini et Loulou**

**Crédit photographiques :** p. 8, 14, 16, 17, 20, 21, 23, 25 : Archives personnelles Luka et Nikola Karabatic ; p. 19 : ©Johnny Fidelin/Icon Sport ; p. 29 : ©Legros-Lecoq/Presse Sports ; p. 31 : ©Stéphane Pillaud ; p. 33 : ©Martin/Presse Sports ; p. 35 : ©Pochat/Presse Sports ; p. 37 : ©Stéphane Pillaud ; p. 38 : ©Boutroux/Presse Sports ; p. 41 : ©Fablet/Presse Sports ; p. 43 : ©Pichon/Presse Sports ; p. 45 : ©Nicolas Luttiau/Presse Sports ; p. 46 : ©Pierre Lablatinière/Presse Sports ; p. 47 : ©Jean-Claude Pichon/Presse Sports ; p. 49 : ©Daniel Bardou/Presse Sports ; p. 50 : ©Stéphane Pillaud ; p. 53 : ©Stéphane Pillaud ; p. 54-55 : ©Pierre Lahalle/Presse Sports ; p. 57 : ©Fablet/Presse Sports ; p. 58-59 : ©Alain Mounic/Presse Sports ; p. 60 : ©Stéphane Mantey/Presse Sports ; p. 61 : ©Nicolas Luttiau/Presse Sports ; p. 63 : ©Fablet/Presse Sports ; p. 64-65 : ©Alain Mounic/Presse Sports ; p. 67 : ©Stéphane Mantey/Presse Sports ; p. 68-69 : ©Tom Weller/PictureAlliance/Icon Sport ; p. 72, 74, 75 et 77 : ©Alain Mounic/Presse Sports ; p. 79 : ©Nicolas Luttiau/Presse Sports ; p. 80-81 : ©Expa/Pixsell/Goran Stanzl/Presse Sports ; p. 82-83 : ©Jérôme Prévost/Presse Sports ; p. 85 : ©Sylvain Thomas/Presse Sports ; p. 87 (haut) : ©Tim Groothuis/Witters/Presse Sports ; p. 87 (bas) et 88 : ©Stéphane Mantey/Presse Sports ; p. 89 : ©Federico Gambarini/PictureAlliance/Icon Sport ; p. 90 : ©Baptiste Fernandez/Icon Sport ; p. 93 : ©Eddy Lemaistre/Corbis via Getty Images ; p. 94-95 : ©Pierre Lahalle/Presse Sports ; p. 97 (haut) : ©Rondeau/Presse Sports ; p. 97 (bas) : ©Stéphane Mantey/Presse Sports ; p. 99, 101 et 103 : ©Pierre Lahalle/Presse Sports ; p. 104-105 et 106-107 : ©Baptiste Fernandez/Icon Sport ; p. 109 (haut) : ©Stéphane Mantey/Presse Sports ; p. 109 (bas) : ©Luka Karabatic ; p. 111 : ©Bernadett Szabo/Reuters ; p. 112 : ©Alain Mounic/Presse Sports ; p. 115 (haut et bas) et 116-117 : ©David Maugendre/Icon Sport ; p. 119 (haut) : ©Kelemen/GEPA/Icon Sport ; p. 119 (bas) : ©Ronbog/Frontzone/Icon Sport ; p. 121 : ©Laurent Argueyrolles/Presse Sports ; p. 122-123 et 125 (haut) : ©Stéphane Mantey/Presse Sports ; p. 125 (bas) : ©Federico Gambarini/Icon Sport ; p. 126-127 : ©Tim Groothuis/Witters/Presse Sports ; p. 128 : ©Alain Mounic/Presse Sports ; p. 131 : ©Fablet/Presse Sports ; p. 133 (haut) : ©Martin/Presse Sports ; p. 133 (bas) : ©Alain Mounic/Presse Sports ; p. 135 : ©Marko Djurica/Reuters ; p. 136-137 : ©Nicolas Luttiau/Presse Sports ; p. 138-139 et 141 : ©Stéphane Mantey/Presse Sports ; p. 143 (haut) : ©Baptiste Paquot/Presse Sports ; p. 143 (bas) : ©Sébastien Boué/Presse Sports ; p. 144 : ©Vincent Michel/Presse Sports ; p. 147 : Archives personnelles Luka et Nikola Karabatic ; p. 149 : ©Laurent Argueyrolles/Presse Sports ; p. 150-151 : ©Pierre Lahalle/Presse Sports ; p. 153 (haut) : ©Anthony Dibon/Icon Sport ; p. 153 (bas) : ©Frédéric Porcu/Presse Sports ; p. 155 : ©Alain Mounic/Presse Sports ; p. 156-157 : ©Nicolas Luttiau/Presse Sports ; p. 159 : ©Pascal George/AFP ; p. 161 (haut et bas) : ©Stéphane Mantey/Presse Sports ; p. 164 : ©Marc Francotte/Presse Sports ; p. 166 : ©Nicolas Guyonnet/Icon Sport ; p. 167 : ©Felix Golesi/Presse Sports ; p. 168-169 : ©Jean-Louis Fel/Presse Sports ; p. 170 : ©Alex Martin/Presse Sports ; p. 171 : ©Stéphane Pillaud/FFHandball ; p. 173 : ©Jean-Marie Hervio/Presse Sports ; p. 174-175 : ©FFHandball/Icon Sport ; p. 176 : ©Anthony Dibon/Icon Sport ; p. 179 : Archives personnelles Luka et Nikola Karabatic ; p. 181 : ©Sandra Ruhaut/Icon Sport ; p. 183 et 185 : ©Laurent Argueyrolles/Presse Sports ; p. 187 (haut) : ©Jean-Louis Fel/Presse Sports ; p. 187 (bas) : ©Frédéric Mons/Presse Sports ; p. 188 : dessin d'après une photo de Sébastien Boué/Presse Sports ; p. 190 : ©Alain Mounic/Presse Sports ; p. 193 (haut) : ©Pierre Lahalle/Presse Sports ; p. 193 (bas) : ©Franck Faugere/Presse Sports ; p. 195 et 196-197 : ©Alain Mounic/Presse Sports ; p. 199 : ©Franck Faugere/Presse Sports ; p. 201 : ©Sébastien Boué/Presse Sports ; p. 203 : ©Stéphane Mantey/Presse Sports ; p. 206 : ©Action Press/Icon Sport ; p. 208 : Archives personnelles Luka et Nikola Karabatic ; p. 209 : ©Baptiste Fernandez/Icon Sport ; p. 210 (haut) : ©Laurent Argueyrolles/Presse Sports ; p. 210 (bas) : ©Dave Winter/Icon Sport ; p. 212 : ©Baptiste Fernandez/Icon Sport ; p. 213 : ©Valery Sharifulin/Tass/Abaca/Icon Sport ; p. 214 (gauche et droite) : ©Stosik/Action Press/Icon Sport ; p. 215 et 216-217 : ©Baptiste Fernandez/Icon Sport ; p. 220 : ©Alain Mounic/Presse Sports.

Achevé d'imprimer en septembre 2024
sur les presses de GPS Group en Bosnie-Herzégovine